国际公共产品的软权力研究
——以美国、中国参与世界贸易组织为例

The Study of Soft Power in International Public Goods:
A Case Study of America and China's Relation with World Trade Organization

吴晓萍◎著

世界知识出版社

本书获外交学院中央高校基本
科研业务费专项资金资助

序　言

我于2006年考取了外交学院吴建民大使的博士研究生，跟随他学习国际关系与中国外交。这是我人生中非常重要的一段时期，老师对国际局势的观察和思考深刻影响了我的学术兴趣和学术观点。

老师非常强调国际合作的重要性。他认为，当今的国际社会处于深度相互依赖中，没有任何一个国家可以依靠自身解决所有问题。国际合作是维护国家利益，实现和平与发展的必然选择。我对此深以为是。

国际合作如此重要，那么国家间如何实现合作？国际制度和国际组织是如何形成的？国际制度和国际组织的成员国是如何在国际合作中实现各自的利益与权力的？这些问题成为我攻读博士期间主要思考的问题。

老师一直强调案例研究和比较法在学术研究中的价值和意义。他鼓励我不要囿于抽象的理论束缚，要多从实际案例出发，多从微观层面出发，研究对中国发展有意义的具体问题。我听从了老师的意见，选择了世界贸易组织这一典型的国际合作成果作为研究对象，从国际公共产品的视角，把美国与中国作为该国际机制的参与方进行了比较研究，并据此写成了博士论文。

这本书就是在博士论文基础上完善而成。本书以美国建立关贸总协定（世界贸易组织前身）及中国加入世界贸易组织为例，研究了个体国家与国际公共产品的权力互动模式。

国际公共产品是国际层面的软资源，其形成动力来自与个体国家的共有需求及共同利益预期，是集体合作的产物，其内部权力结构具有国际性与国家性的双层特性。一般而言，个体国家可以通过“研发”与“参与供给”两种途径参与国际公共产品的权力结构构建，从而获得软权力价值。本书主体部分采用案例分析法——通过美国建立关贸总协定和中国加入世界贸易组织两个具体案例研究了国家与国际公共产品之间软权力的互动关系。

本书主要内容由导论和五章组成。

导论部分对整个研究做了概述。具体介绍了本书的研究问题及研究意义，研究所用的理论，具体研究设计及研究的贡献与不足。

第1章对全书主要概念做了界定。本章从资源角度界定了权力的概念，从资源获取方式角度对软权力和硬权力进行了界定与区分，重点对软权力和国际公共产品之间的关系进行了详细分析和梳理。通过对关键概念的内涵分析得出结论：软资源是软权力的基础；国际公共产品是国际层面的软资源，是国际软权力的来源和载体。

第2章是本书的理论部分，从软资源角度对国际公共产品的权力价值进行了分析。国际公共产品作为国际层面的软资源具有四种权力价值。第一，国际公共产品具有功效价值。功效性是任何人类劳动产品的天然属性，是国际公共产品的工具性价值和其他权力价值的基础。第二，国际公共产品具有合法性价值。公利和自愿是国际公共产品形成的基础，是国际合法性的基本来源。在国际无政府状态中，合法性既是国际公共产品产生的前提也是其得以存续的保证。第三，国际公共产品具有典型的制度权力性。制度和机制是公共性活动能够有序稳定进行的基本保障，国际公共产品作为多边的公利性开放体系，其生产、供应和消费等各环节都需要有规则和制度作保障。国际公共产品内在的规则制度体系使其具有典型的制度权力价值。第四，国际公共产品的价值具有累增性。国际公共产品本身的非竞争性和非排他性使其消费市场具有无限扩展性，即在理论上，其体系内成员数量可以无限增加。该公共产品体系自身的成长会进一步加强其合法性和制度权力性，从而使国际公共产品本身作为国际软资源价值增值。价值累增是国际公共产品的公共性在其价值维度的体现。功效价值、合法性价值、制度权力价值和累增性价值是国际公共产品作为国际软资源的基本价值属性，是国际层面软权力的重要来源。

第3章和第4章是案例分析，分别以美国建立关税贸易总协定和中国加入世界贸易组织为例分析了国家如何通过“研发”和“参加”两种途径获得国际公共产品的软权力价值。

第3章以美国建立关贸总协定为例分析了国家获得国际层面软权力的第一种途径：通过“研发”国际公共产品获得国际软权力。规则是重要的权力资源，谁是规则的制定者谁就是权力的获得者。美国从本国利益观出发，主导制定了关贸总协定的规则体系，通过对等互惠原则、主要供应商原则、例外条款、农业免责条款、反倾销法案、“逐项讨论”谈判模式等一系列规则的制定，把美国国家利益观扩展到国际层面，并以国际规范的形式获得了合法性与权威性，从而得以在全世界确立并推广。自由贸易制度的全球化与美国建立GATT有密切的关系。作为关贸总协定各项制度和机制的总设计师，美国在塑造规则体系的过程中获得了大量软权力资源，最大限度地实现了国家利益。

第4章以中国加入世界贸易组织为例分析了国家获得国际软权力的第二种途径：通过“参加”国际公共产品的提供获得国际软权力。国际公共产品作为开放的国际公利体系，任何国家都可以选择参与其中。作为世界贸易组织的后期加入者，中国虽然无法像“研发者”美国一样“研发”公共产品并制定规则，但通过“参加”其中也可以获得该体系的软权力价值，实现国家利益。中国在2001年加入世界贸易组织后，通过获得世界贸易组织成员的身份而获得了该国际公共产品的功效价值；通过接受其规则体系获得了国际多边贸易领域的话语权。在面对国际贸易争端时，中国可以利用世界贸易组织的规则体系维护自身合法权益；同时，中国还可以利用该国际规范的权威性推动国内经济体制改革的进一步深化。中国作为世界最大的发展中国家及最大的市场，其加入世界贸易组织本身即极大增加了世界贸易组织作为国际公共产品的功效价值。

第5章以世界贸易组织的变革为例研究了国际公共产品权力结构的变革。任何人类产品都是在特定时空为满足人类特定需求而产生的人类智力和体力劳动成果。作为多国合作产物的国际公共产品一样具有时代的局限性。随着环境与需求的变化，国际公共产品的权力结构及各项职能也需调整与变化。从1947年建立关贸总协定到1995年世界贸易组织成立，这个过程本身就是国际多边贸易体制这个公共产品自我变革的证明。随着经济全球化与多边贸易的深入，世界贸易组织在多个方面需要进行改革，这是国际公共产品内在功效性及成长性的必然要求。本章重点从全球化对多边贸易的要求，WTO权力体系的不平衡及WTO改革的方向与动力三个方面详细分析了国际公共产品如何在时代变化中进行自身的完善。

通过以上研究，本书得出三个结论：第一，国际公共产品是国际层面重要的软权力资源，是公共利益与集体权力的载体，其权力结构与成员国的国家权力与利益高度相关。第二，国家可以通过“研发”和“参与”两个途径获取国际公共产品的软权力资源，“研发”途径可以通过国家利益观的国际化而最大限度地塑造国际公共产品，从而获得其最大份额的软权力资源。“参与”途径也可以获得国际公共产品的软权力资源，这个过程通常伴随国家利益观被国际公共产品的利益观所塑造的过程，但一旦加入该国际公共产品体系内，“参与”国就获得了从内部影响并改变该国际公共产品权力结构的能力。第三，国际公共产品的权力结构可以发生变化，当新成员加入到一定数量时，后期加入成员的权力诉求需要得到满足与释放，国际公共产品会根据国际政治权力结构的变化对其自身权力结构进行调整。

本书写作历时五年。在这五年里，老师把他的真知灼见毫无保留地教授给我，指导我从纷繁复杂的国家行为中发现最本质的关系和动因。

老师不幸于2016年6月18日在武汉车祸罹难，我从此失去了人生路上的领航者，不胜悲痛。

谨以此书的完成作为对老师的纪念。

初稿于2013年

定稿于2018年

摘　要

本书以美国建立关贸总协定（世界贸易组织前身）及中国加入世界贸易组织为例，研究了个体国家与国际公共产品的权力互动模式。国际公共产品是国际层面的软资源，其形成动力来自与个体国家的共有需求及共同利益预期，是集体合作的产物，其内部权力结构具有国际性与国家性的双层特性。一般而言，个体国家可以通过“研发”与“参与供给”两种途径参与其国际公共产品的权力构建，从而获得软权力价值。本书主体部分采用案例分析法——通过美国建立关贸总协定和中国加入世界贸易组织两个具体案例分析了国家与国际公共产品之间软权力的互动关系。

本书共分五章。

第一章对全书主要概念做了界定。本章从资源角度界定了权力的概念，从资源获取方式角度对软权力和硬权力进行了界定与区分，重点对软权力和国际公共产品之间的关系进行了详细分析和说明。通过对关键性概念界定与内涵分析得出结论：软资源是软权力的基础；国际公共产品是国际层面的软资源，是国际软权力的来源和载体。

第二章是本书的理论部分，从软资源角度对国际公共产品的权力价值进行了分析。国际公共产品作为国际层面的软资源具有四种权力价值。第一，国际公共产品具有功效价值。功效性是任何人类劳动产品的天然属性，是国际公共产品的工具性价值和其他权力价值的基础。第二，国际公共产品具有合法性价值。公利和自愿是国际公共产品形成的基础，是国际合法性的基本来源。在国际无政府状态中，合法性既是国际公共产品产生的前提也是其得以存续的保证。第三，国际公共产品具有典型的制度权力性。制度和机制是公共性活动能够有序稳定进行的基本保障，国际公共产品作为多边的公利性开放体系，其生产、供应和消费等各环节都需要有规则和制度做保障。国际公共产品内在的规则制度体系使其具有典型的制度权力价值。第四，国际公共产品的价值具有累增性。国际公共产品本身的非竞争性和非排他性使其消费市场具有无限扩展性，即在理论上，其体系内成员数量可以无限增加。该公共产品体系自身的成长会进一步加强其合法性和制度权力性，从而使国际公共产品本身作为国际软资源价值增值。价值累增是国际公共产品的公共性在其价值维度的体现。功效价值、合法性价值、制度权力价值和累增性价值是国际公共产品作为国际软资源的基本价值属性，是国际层面软权力的重要来源。

第三章和第四章是案例分析，分别以美国建立关税贸易总协定和中国加入世界贸易组织为例分析了国家如何通过“研发”和“参加”两种途径获得国际公共产品的软权力价值。

第三章以美国建立关贸总协定为例分析了国家获得国际层面软权力的第一种途径：通过“研发”国际公共产品获得国际软权力。规则是重要的权力资源，谁是规则的制定者谁就是权力的获得者。美国从本国利益观出发，主导制定了关贸总协定的规则体系，通过对等互惠原则、主要供应商原则、例外条款、农业免责条款、反倾销法案、“逐项讨论”谈判模式等一系列规则的制定，把美国国家利益观扩展到国际层面，并以国际规范的形式获得了合法性与权威性，从而得以在全世界确立并推广。自由贸易制度的全球化与美国建立 GATT 有密切的关系。作为关贸总协定各项制度和机制的总设计师，美国在塑造规则体系的过程中获得了大量软权力资源，最大限度地实现了国家利益。

第四章以中国加入世界贸易组织为例分析了国家获得国际软权力的第二种途径：通过“参加”国际公共产品的提供获得国际软权力。国际公共产品作为开放的国际公利体系，任何国家都可以选择参与其中。作为世界贸易组织的后期加入者，中国虽然无法像作为“研发者”的美国一样为该公共产品设计并制定规则，但通过“参加”其中也可以获得该体系的软权力价值，实现国家利益。中国在2001年加入世界贸易组织后，通过获得世界贸易组织成员的身份而获得了该国际公共产品的功效价值；通过接受其规则体系获得了国际多边贸易领域的话语权。在面对国际贸易争端时，中国可以利用世界贸易组织的规则体系维护自身合法权益；同时，中国还可以利用该国际规范的权威性推动国内经济体制改革的进一步深化。中国作为世界最大的发展中国家及最大的市场，其加入世界贸易组织本身即极大增加了世界贸易组织作为国际公共产品的功效价值。

第五章以世界贸易组织的变革为例研究了国际公共产品权力结构的变革。任何人类产品都是在特定时空为满足人类特定需求而产生的人类智力和体力劳动成果。作为多国合作产物的国际公共产品一样具有时代的局限性。随着环境与需求的变化，国际公共产品的权力结构及各项职能也需要调整与变化。从1947年建立关贸总协定到1995年世界贸易组织成立，这个过程本身就是国际多边贸易体制这个公共产品自我变革的证明。随着经济全球化与多边贸易的深入，世界贸易组织在多个方面需要进行改革，这是国际公共产品内在功效性及成长性的必然要求。本章重点从全球化对多边贸易的要求，WTO权力体系的不平衡及WTO改革的方向与动力三个方面详细分析了国际公共产品如何在时代变化中进行自身的完善。

通过以上研究，本书得出三个结论：第一，国际公共产品是国际层面重要的软权力资源，是公共利益与集体权力的载体，其权力结构与成员国的国家权力与利益高度相关。第二，国家可以通过“研发”和“参与”两个途径获取国际公共产品的软权力资源，“研发”途径可以通过国家利益观的国际化而最大限度地塑造国际公共产品，从而获得其最大份额的软权力资源。“参与”途径也可以获得国际公共产品的软权力资源，这个过程通常伴随国家利益观被国际公共产品的利益观所塑造的过程，但一旦加入该国际公共产品体系内，“参与”国就获得了从内部影响并改变该国际公共产品权力结构的能力。第三，国际公共产品的权力结构可以发生变化，当新成员加入到一定数量时，后期加入成员的权力诉求需要得到满足与释放，国际公共产品会根据国际政治权力结构的变化对其自身权力结构进行调整。

关键词：国际公共产品　软权力　世界贸易组织　中国　美国

目　录

Contents

导　论

20世纪以来，科学和技术的发展极大拓展了人类的活动范围和活动能力，各种资源要素以更快的速度在国家和地区间流动。资源的跨国流动引发了国家利益的国际化，即国家利益的实现不完全局限于其主权和领土范围内。国家利益的外溢在经济领域表现尤为突出。在比较优势理论影响下，国家不再生产该国国民生活所需的所有产品，而只选择生产本国的优势产品。国家间通过贸易行为与他国交换各自的优势产品实现对本国国民生活需要的满足，同时获取最大经济效益进而实现共同富裕。资源流动和商品交换导致了国家和地区间的经济相互依赖。随着资源流动种类和范围的扩大，此种相互依赖不仅表现在经济领域，还表现在环境、移民、技术、反恐、卫生等各个领域。国家不再是彼此绝缘的孤岛，而是立体化网络中的节点。国家利益也随之外溢，形成彼此依赖的国际化网络。国家利益的国际化有两层含义：即国家利益的短缺与汇合。

具体而言，在国内层面，单个国家无法实现对全体国民需求的充分满足，例如新加坡的农产品进口，日本的能源进口；在国际层面，不同国家有着越来越多的公共利益诉求，例如应对国际金融危机、防止大气升温、阻止“非典病毒”的国际传播、打击国际恐怖主义组织等等都是公共性国家利益的体现。国家利益的外溢和国际公共利益的出现是国家进行合作的根本动因。国际合作的重要成果之一就是国际公共产品的大量产生。国际公共产品经常以国际组织或国际机制的具体形式出现。二战以后国际组织的蓬勃发展就是国际公共产品大量产生的例证。“过去50年里成立的国际组织比过去500年成立的都要多。1750年世界上只有86个多边组织，到1950年已经有1200个，到了2001年则达到了2100个。”[①] 国际公共产品作为国际合作的产物是权力在国际层面的表现形式，是国家利益和权力互动的重要载体。

第一节　研究问题和研究意义

一、研究问题的提出

利益的实现必须以权力作保障。国际化利益的实现必须以权力的国际化为其前提，即多个国家公共利益的实现必须有国际公共权力做保障。由于国际社会的无政府本质，国际公共性权力的唯一合法来源只能是主权国家。国际公共产品作为国际公共利益的代表，其利益的实现要求其体系内主权国家必须集体让渡部分国家管理权形成某种国际公共性权力。在无政府状态中，国家对于权力的占有欲是天然而无节制的，尽管为了实现合作国家可以让渡部分管理性主权，但此种主权的让渡一定要求有某种利益作为回报，即国际让渡主权是有成本的。那么，国家有限让渡部分国家主权从而形成国际公共产品所需的国际公共性权力，这些国家会获得何种利益回报呢？国际公共产品是如何满足这些国家的利益的呢？国际公共产品和主权国家之间是如何实现权力互动的呢？对这些问题的思考是本书写作的初衷。

很多学者对这些问题做了有价值的思考。其中最有代表性的研究成果是霸权稳定论和国际机制理论。查尔斯·金德尔伯(Charles P. Kindleberger)认为，在权力不均衡的国际社会中，霸权国家是国际公共产品的最大提供者。霸权国提供的国际公共产品在实现本国利益最

① Inge Kaul et al., eds., *Providing Global Public Goods: Managing Globalization*, Oxford: Oxford University Press, 2003, p. 387.

大化的同时也部分实现了国际公利。[①] 但历史证明，霸权国的相对衰落并没有直接导致国际公共产品供给的衰落或减少，对此金德尔伯格没有给出合理的解释。罗伯特·基欧汉（Robert O. Keohane）是自由主义学派的主要代表，他强调了国际机制本身的公利价值。基欧汉认为，有效的国际合作必须在国际机制内才能实现，国际机制的公利性不仅保证了各合作方共同获利，而且还确保任何一方利益的实现都不会阻碍他方利益的实现，即国际机制具有典型的国际公共产品性。[②] 虽然基欧汉明确指出了国际机制的公利性和利益分配的“非排他性”，但没有解释国际机制是如何实现此种作用的，即国际机制是如何平衡国际公权和国家权力之间的关系的。约瑟夫·奈（Joseph S. Nye Jr）从权力实现方式的角度提出了软权力理论，为解释以国际合作为基础的国际公权和国家权力之间的互动提供了新的观察视角和理论工具。但奈也只是笼统地指出国际合作中会产生软权力，并没有分析不同国家如何通过国际合作获取此种软权力，即国家在国际层面获取软权力的途径。[③]

在前人研究基础上，本书提出两个具体研究问题：第一，国际公共产品本身具有何种权力？这些权力要素之间的关系如何？第二，国家如何通过提供国际公共产品获得国际层面的软权力？为了使研究更有针对性，本文把国家设定为国际政治中的大国，把国际公共产品具体为二战结束后建立的国际组织和国际机制。

二、研究意义

与以往以国家为单位的权力研究不同，本书在国际层面对国家权力和国际公共权力的双层结构及其权力互动模式进行了研究，具有理

① Charles P. Kindleberger, *The World in Depression: 1929-1939,* Berkeley: University of California Press, 1973.

② Robert Keohane, *After Hegemony: Cooperation and Discord in the World Political Economy,* Princeton: Princeton University Press, 1984.

③ Joseph Nye, S., Jr., “Soft Power and American Foreign Policy,” *Political Science* Quarterly, Vol.119, No.2, 2004, pp. 255-270.

论新意和政策研究价值。

首先，本研究可以丰富国际公共产品权力性的研究。二战以后，国际公共产品虽然大量涌现，但在学理层面对其进行的系统研究并不充分，从国际政治学角度对其权力价值进行系统研究的更不多见。国际公共产品作为以国家自愿让渡部分主权为前提的国际公共权力体和利益体，其公共权力体系的运行对参与国之间的关系和国际秩序都会产生深远影响。但实际情况却是“公共产品在经济发展中的作用长期被主流学术所忽视”[①]，世界范围内对国际公共产品的投入也严重不足。据统计，各国对国际公共产品的资金投入只占该国对其国内公共产品资金投入的二百分之一。[②] 很多国际公共产品关系到世界和全人类的共同福祉，例如联合国提出的千年发展目标中的环境、健康、知识、安全、良治等五项目标都与国际公共产品密切相关。事实上，“未来世界的发展水平和社会福利在很大程度上取决于国际公共产品的提供能力。”[③]

其次，本研究将对中国融入国际体系提供重要的理论参考。国际社会的形成很大程度上依赖于充分的国际公共产品的供给，即设计并参与提供国际公共产品是国家塑造国际社会的有效途径。由于历史原因，中国曾长期游离于主流国际体系之外，错过了大量的设计及制造国际公共产品的时机。即使如此，中国通过后期参与国际公共产品的供给也可以成为国际体系中的一员，从而顺利地融入主流国际社会。本书以世界贸易组织为例研究了国家和国际公共产品之间权力和资源的互动模式，可以给中国融入国际体系提供有益的理论参考。改革开放以来，中国大量而迅速地加入了各个重要的政府间国际组织，实现了与主流国际社会的接轨和互动。根据《国际组织黄页》统计，中国在1966年未加入任何政府间国际组织，到1977年时中国已经加入了21个政府间国际组织，到1996年这个数字增加到了52个。截至2014

① Olga Memedovic et al., eds., *Public Goods for Economic Development*, Vienna: United Nations Industrial Development Organization, 2008, p.1.

② Inge kaul, p.340.

③ Ibid.

年，中国加入政府间国际组织的数量是日本的92%，印度的86%，美国的81%。[①] 中国在20世纪70年代重返联合国，80年代加入国际货币基金组织和世界银行、2001年加入世界贸易组织等都是中国积极参与国际社会的里程碑式事件。

然而，中国长期以来主要是国际公共产品的参与者和消费者，极少主动“研发”国际公共产品。如何“研发”设计体现自身价值理念的国际公共产品，获取国际规则的制定权，从而在国际社会中发挥更大影响力，依旧是中国外交需要深刻思考的问题。世界贸易组织是经济领域的联合国，对世界经济形势有举足轻重的影响。美国作为世界贸易组织的主导者和总设计师，通过制定国际规则获得了国际性软权力，从而实现了外溢的国家利益。这对中国参与国际社会活动及在国际体系中发挥引领作用有重要的借鉴意义。迄今为止，中国自主“研发”的重大国际公共产品只有上海合作组织与亚洲基础设施开发银行。成立于2001年的上海合作组织是第一个由中国倡导建立的国际安全区域合作机制，是第一个以中国城市命名的政府间国际组织，也是第一个总部设在中国的政府间合作组织。上海合作组织的宗旨是中国“和平共处五项原则”的外化。亚洲基础设施开发银行（简称亚投行）是2013年由中国国家主席习近平倡议，并于2015年12月正式建立的政府间国际金融组织，是首个中国设计并主导的金融领域的国际公共产品。拥有57个创始会员国的亚投行是唯一一个没有美国与日本参与的国际金融机制。这标志着作为世界第二大经济体的中国已经开始从国际公共产品的参与者向国际公共产品的开发和设计者进行转变。

第二节 研究背景

本研究涉及两个主要理论：软权力理论和公共产品理论。

---

① Alastair Iain Johnston, *Social States: China in International Institutions 1980-2000*, Princeton: Princeton University Press, 2008, pp. 34-35; Union of International Associations ed., *Yearbooks Of International Organizations*: 2009-2015, Herndon: Brill Yearbook brochure.

一、软权力理论

美国学者约瑟夫·奈（下文简称奈）在《注定领导》一书中首次提出了“软权力”(soft power)的概念[①]，引发了学界和政界高度关注。虽然学界公认软权力理论是奈首先提出的，但在奈之前很多学者已经对软权力的内涵做了界定与分析。彼得·巴克莱奇（Peter Bachrach）和摩尔顿·拜拉茨（Morton Baratz）、葛兰西（Gramsci Antonio）、汉斯·摩根索（Hans Joachim Morgenthau）、尼克松（Richard Milhous Nixon）、丹尼斯·朗（Danis Wrong）等人的著作中都不同程度地论述了约瑟夫·奈称之为“软权力”的国家力量中非物质性的一面。[②] 也有学者认为早在两千多年前春秋战国时期的《孙子兵法》一书中提到的“不战而屈人之兵”就是软权力概念的雏形。[③] 实际上，约瑟夫·奈的学术贡献不在于首次提出了这样一个权力概念，而在于他将前人的成果系统化、理论化并赋予了该概念新的政策意义。软权力的概念使人们在现实主义和理性主义主导的权力对抗中开始重新关注权力的“柔性”互动。

1. 奈的软权力理论

奈的软权力理论的发展经历了三个阶段。第一阶段是软权力概念的提出。20世纪80年代，日本等国实力的增强使美国显得相对衰落，于是出现了保罗·肯尼迪（Paul Kennedy）《大国兴衰论》为代表的“衰退论”。奈对美国衰退论并不认同，于是他在1991年提出了软权力的概念以证明美国的国家实力和国际影响力并未衰退。奈认为，美国

---

① Joseph S. Nye, Jr., *Bound to lead: The Changing Nature of World Power*, New York: Basic Books, 1991. soft power有不同的译法：“软实力”“软国力”“软权力”“柔性力量”“软权力”在不同的论文和著作中都出现过。本文主要在国际层面讨论国家之间的权力互动关系，所以采用“软权力”一词。

② 具体参见刘庆、王利涛：《近年国内软权力理论研究综述》,《国际论坛》,2007年5月3期，第38—43页；郑永年、张驰：《国际政治中的软权力以及对中国软权力的观察》,《世界政治与经济》,2007年第7期，第6—12页。

③ Sheng Ding, *Soft Power and the Rise of China: An Assessment of China's Soft Power in Its Modernization Process*, Ph.D. Dissertation, Rutgers The State University of New Jersey-Newark, 2006.

作为世界领袖的力量不仅来自军事和经济领域的物质性强制权力，还来自其文化和意识形态为载体的吸引力和感召力。[①]“9·11”事件后，美国政界和学界开始对其外交政策进行了深刻反思，奈也对自己提出的软权力概念内涵进行了丰富和发展。通过分析冷战后的美国外交政策，奈认为美国在世界的领导地位不应该建立在单边的武力霸权上，而是应该更多地依靠软性权力——即国内制度优越性和国际规则的优先制定权——来实现本国利益。[②]之后，奈又对软权力进行了量化研究和实际应用，这是软权力理论发展的第三阶段。布什政府继出兵阿富汗之后又单方面发动了伊拉克战争，使美国再度成为全球舆论批评的焦点。奈非常希望自己的软权力理论可以帮助美国走出困境。针对其他学者提出的软权力无法量化的质疑，他设计了一系列指标对美国和其他主要大国的软权力进行了测量。大量的实证数据增加了软权力理论的可信度和可操作性，使一直被贬斥为“过于柔软”[③]的软权力理论获得了更多的学术支持和政策关注。在“软权力”基础上，奈在2006年又提出了“巧权力”[④]（smart power）的概念，使软权力具有了更大的政策操作性。

奈的理论贡献主要可以归纳为两个方面。第一，奈及时准确地描述了国际政治现实的变化，在国际政治中重新提出了价值观、国际制度等非物质性资源的重要性。第二，奈初步建立了软权力理论体系，丰富了以非物质因素为对象的自由主义和建构主义的国际关系理论体系。虽然“软权力”作为成熟的理论体系还有很多缺陷，但奈通过对其作用机制（吸引而非强制）、资源组成（文化、政治价值观、外交政策）、作用途径（日常交流、战略交流、精英交流）和效果的测量

① 详见Joseph S. Nye, Jr., *Bound to lead: The Changing Nature of World Power.*

② Joseph S. Nye, Jr., *The Paradox of American Power: Why the World's Only Superpower Can't Go It Alone*, Oxford: Oxford University Press, 2003.

③ Niall Ferguson在“Power”一文中评论“软权力的问题就是它太软了。”载于*Foreign Policy*, No. 134 (Jan.- Feb.), 2003, pp.18-22+24。

④ 首次提出这个概念的不是奈，而是苏珊娜·诺塞尔（Nossel Suzanne）在2004年3—4月号的*Foreign Affairs*（Vol. 83 Issue 2, pp.131-142.）上发表的文章中提出的，题目就是*Smart Power*。但与软权力的概念一样，是奈使这个新的概念为众人所知。

（国家形象、文化产业、教育产业等）等方面的综合研究，[①] 给学界和政界提供了研究国家权力变化的新视角。

奈的软权力理论也存在一些明显的不足。第一，核心概念定义不够严谨。"软权力"是其理论体系的核心，也是争议最大的部分。首先，该定义过于简单。从1990年提出该概念至今，奈对于"软权力"的定义没有根本性的改进和变化。软权力就是"通过吸引而不是强迫和交易的手段得到自己想要的。"[②] 奈虽然指出了资源、作用方式和效果测量是软权力的三个维度，但并没有就此进行细致分析和研究，特别没有对"软"、"硬"这两个权力的对立面进行细致的区分与比较。对核心的"软权力"作用机制——"吸引"——也没有给出系统的理论阐述与定义。其次，奈的软权力概念内涵指代不清。政治研究中权力的构成要素包括资源、作用方式和作用效果。无论软权力还是硬权力都可以在这三个维度上进行分析和比较。奈的"软权力"定义只在一个维度（作用方式："强制"与"吸引"）上对"软权力"和"硬权力"进行了区别，并没有在另外两个维度上对这两个概念进行阐释。第二，软权力理论缺乏严密的逻辑推理。"吸引"作为软权力的核心要素，是一个复杂的心理过程，通常伴随人的行为和态度的改变。这种心理改变是如何发生的，什么因素参与其中，同一机制对特定对象的行为和态度有哪些改变？奈对这些问题都没有进行清晰的阐释。第三，软权力效果的测量没有系统指标体系。尽管奈在《软权力：世界政坛制胜之道》[③] 一书中收集整理了大量数据试图用量化方式证明软权力理论的有效，但由于该量化体系没有系统的理论框架和内在逻辑，零散的数据无法使软权力成为一个坚固的理论体系。

---

① 约瑟夫·奈关于"软权力"理论的发展线索：在1990年的《注定领导》一书中首次提出了软权力概念；在2004年的《软权力——世界政坛制胜之道》一书中系统阐述了软权力的资源和效果测量；在2006年和2008年的"Recovering American leadership"和"Public Diplomacy and Soft Power"二篇文章中重点讨论了如何将软权力资源转化为实际影响力。

② "... the ability to get what you want through attraction rather than coercion or payments"，具体见Joseph Nye Jr."Soft Power and American Foreign Policy," *Political Science Quarterly*, Vol. 119, No.2, 2004, pp. 255-270.

③ [美]约瑟夫·奈：《软权力：世界政坛制胜之道》，吴晓辉、钱程译，北京大学出版社，2005年版。

很多学者认为，“无论是作为一种广义理论还是作为美国的政策指导方针，软权力概念都过于柔软了”[①]，国内外学界对奈的“软权力”理论提出了很多批评意见和补充观点。

2. 学界对软权力理论的补充

国内对“软权力”的讨论主要集中在该概念的内涵、资源构成及效果转化三个方面。

首先，国内学者对软权力的概念内涵进行了更加清晰的界定，此类论述数量较多[②]，主要有三种观点。观点一，仍旧从权力的作用方式入手，丰富“吸引”机制的内涵。李希光认为，这种吸引力是有特定目标和对象的，严格地说应该是“说服别人的能力”（persuasion）。[③]阎学通则在国际国内两个层面上将奈的“吸引力”分为心理层面的“吸引力”和行为层面“动员力”。[④]郑永年的定义抛开了资源形式（无形/有形），从作用方式（主动/被动）的单一维度上进行定义，并通过引入“协商力量”的概念来弥合奈的“软”“硬”概念的二元对立和在实际运用方面的矛盾。他认为国际政治中的权力有硬权力、软权力和协商权力三种形式。“如果受力者是被动、不情愿、被迫地接受某种力量及其导致的结果或事实，那么这个权力具有硬权力特征。”“当受力者主动、自愿地去寻求和接受某种权力时，这个力量往往体现出软权力特征。”施力者和受力者之间经过协商、谈判、妥协之后达成某种合作意向就是协商权力。[⑤]观点二，从权力资源角度入手，完善奈的“软权力”概念。皋艳的概念细化了软权力的资源组成，认为“软权力是

① 布兰德利·沃麦克:《“软权力”评析》,《吉林大学社会科学学报》,2006年9月，第66—71页。

② 讨论软权力概念的论文数量很多，有代表性的有刘庆、王利涛:《近年国内软权力理论研究综述》，载《国际论坛》2007年5月9卷第3期，第38—43页；季玲、陈士平:《国际政治的变迁与软权力理论》,《外交评论》，2007年第6期，第97—104页；郑永年、张驰:《国际政治中的软权力以及对中国软权力的观察》,《世界政治与经济》，2007年第7期，第6—12页；阎学通、徐进:《中美软实力比较》,《现代国际关系》，2008年第1期，第24—29页；唐慧云:《国内学术界中国软实力研究现状述评》,《国际关系学院学报》，2008年第3期，第18—23页。

③ 刘庆、王利涛:《近年国内软权力理论研究综述》,《国际论坛》,2007年5月第3期，第38—43页。

④ 阎学通、徐进:《中美软实力比较》,《现代国际关系》，2008年第1期，第24—29页。

⑤ 引自郑永年、张驰:《国际政治中的软权力以及对中国软权力的观察》,《世界政治与经济》，2007年第7期，第6—12页。此三种力量的分类与奈的“硬权力”（hard power）“软权力”（soft power）及后期提出的“巧权力”（smart power）有相似之处。

由一个国家和民族的文化传统、意识形态、民族习性、政府素质等多方面的精神因素构成并通过各种文化媒体、信息资源、学术著作及国际组织的规则制度表现出来的具有超越时空、迅速扩充和无限挖掘的巨大潜力”。[①] 俞新天的定义很简洁，她强调了软权力资源的“非物质性”并指出了奈在概念分类上的错误。她认为既然“软权力”与“硬权力”相对，则“软实力应当指非物质性的抽象的实力……内涵界定为三个部分：一是思想、观念、原则……二是制度……三是战略和政策”，在定义中“把文化与观念并列，或把文化与政治价值观并列，都是重复的。因为任何观念、政治价值观都反映了特定的文化及其价值观。”[②] 观点三，把作用方式和资源结合起来定义软权力。国内最早研究软权力的学者黄朔风将奈的“软权力”扩展到了综合国力的范畴，从微观层面对其组成资源和作用方式做了极为细致的划分，认为“软权力可细分为内部软权力如制度创新、人力资源、文化辐射力、凝聚力与亲和力、高科技研发能力和外部软权力如国家形象、国际机制的控制力、国际规则的创制力和国际义务的承担能力等，其中尤其以政治体制、核心价值观、国家认同和凝聚力等非经济因素作为综合国力或国家竞争力的重要组成部分。”[③] 刘德斌的概念将奈的软权力资源组成做了调整，将内涵宽泛的“文化（流行文化）”要素具体化为“生活方式”即文化中习俗化制度化的部分；并将“外交政策”扩展为“社会制度”，将软权力资源从政府主导的外交层面扩展到了社会生活的各个方面，强调了软权力资源的制度化属性。在权力作用方式上，他将奈宽泛的“吸引力”细化为工具价值判断的“吸引力”和理性价值判断的“感召力”，认为软权力“是价值观念、生活方式和社会制度的吸引力和感召力，是建立在此基础上的同化力与规制力。”[④] 这些学者在肯定奈的软权力概念价值的基础上，从不同角度对软权力的内涵

① 皋艳：《世纪之交的中国文化软权力建设》，硕士研究生学位论文，南京航空航天大学，第3页，转引自刘庆、王利涛：《近年国内软权力理论研究综述》，《国际论坛》，2007年5月第3期，第38—43页。

② 俞新天：《软实力建设与中国对外战略》，《国际问题研究》，2008年第2期，第15—20页。

③ 宋效峰：《试析中国和平崛起中的软权力因素》，《兰州学刊》，2005年第3期，第19—22页。

④ 刘德斌：《“软权力说”的由来与发展》，《吉林大学社会科学学报》，2004年第4期，第55—62页。

和组成做了更加清晰的分析和界定，使软权力成为更加具有操作性的理论分析工具。

其次，软权力的资源构成也是学界争论的焦点，很多学者对此进行了深入分析。主要有三种观点。第一种观点认为，一个国家或社会的核心价值观就是软权力资源的核心，[①] 此种观点与奈本人的观点基本一致。第二种观点认为文化实力是软权力资源的核心，特别认为传统文化是中国软权力资源的核心。[②] 第三种观点认为国家政治实力是软权力资源的核心。三种观点都有各自的合理性，争议的根本在于对文化和政治、观念和体制两组概念的不同理解。以“文化实力”和“政治实力”为例，“文化实力是指可以被国家运用的文化资源”，即指一种（有形或无形的）资源的静态存在；而“政治实力是指国家运用其全部资源的操作能力”即对资源的动态使用过程。[③] 这两个概念其实分属“软权力”的资源和作用方式两个维度。不在同一维度的概念之间没有实际可比性。尽管思考角度不同，不同学者对软权力的理论还有很多共识。例如，无论“文化派”还是“政治派”都认为“意识形态”是软权力的关键因素。所不同的是，“文化派”认为“意识形态”属于“文化实力”范畴，而“政治派”则认为其属于“政治实力”范畴。[④] 对软权力资源组成的分析有助于从深层次理解权力的作用机制。

最后，软权力是否可测量又是一个颇具争议的问题，这也是奈本人认为的难题之一。多数现实主义学者认为软权力无论其资源还是作用效果都无法进行客观测量，因而不具有政策可操作性。而还有一些学者认为，虽然不能像对硬权力一样进行纯粹的量化测量，但与其他无形的“社会实在”一样，软权力也可以有自己的测量体系和标准。

---

① 见俞新天：《软实力建设与中国对外战略》，《国际问题研究》，2008年第2期，第15—20页；倪世雄：《当代西方国际关系理论》，复旦大学出版社，2001年版，第392—394页。

② 参见吴建民：《文化是软实力核心文化外交要润物细无声》，《人民日报》，2007年8月17日；参见康晓光：《软权力建设与儒家文化复兴》，《天涯》，2007年第1期。

③ 参见阎学通：“文化资源需要政治运用”，环球时报网站，http://www.huanqiu.com/www/column/yanxuetong/2007-11/21720.html，2009年2月11日登录。

④ 阎学通在2007年5月22日《环球时报》上发表了《软实力的核心是政治实力》一文后，引起了陆钢、吴旭、郭之纯等人就软权力核心问题的讨论（具体参见《环球时报》1429、1439、1445、1465期11版）。

有很多学者在此方面做了有益的尝试和探索。[①] 大多数学者的观点介于二者之间，认为软权力虽然难以测量，但通过一些特殊的方法还是可以有一些量化成果的。

与国内学者所做的各种学理性分析不同，国外学者更多的是把软权力作为分析实际问题的理论工具。

与奈一样，杰姆斯·斯坦伯格（James B. Steinberg）也从软权力角度批评了美国在伊拉克问题上的单边主义外交政策。他指出，如果美国想重新获得世界领导者的地位就必须运用其软权力策略，即必须"放弃'基地组织'式的暴力言论"、"把盟友的观点考虑在内"，并"改革而不是抛弃现有的国际机制"。[②] 美国学者乔舒亚·克兰茨克（Joshua Kurlantzick）以中国为案例分析了国家对于软权力的运用，认为跨国企业的蓬勃发展是中国软权力的重要来源。[③] 松田武（Takeshi Matsuda）以日本为例分析了二战后美国对日本文化占领所造成的后果与影响。二战后，美国通过向日本输出西方价值观实现了对日本的精神控制，从而使其成为对抗共产主义扩张的一个棋子。美国此举是典型的软权力策略的应用。[④] 由此可见，软权力与硬权力二者没有本质不同，都是实现国家利益的工具。安德鲁·采干克夫（Andrei P. Tsygankov）运用奈的软权力理论分析了普京的外交政策，认为普京并没有如外界所言在苏联的势力范围内施行"软权力帝国主义"策略。[⑤] 还有学者从更加微观的层面研究了软权力的效力问题。有学者把软权力定义为"对外国的喜好度"，通过对移民国家内部族群之间

---

① 参见Ding Sheng, *Soft Power and the Rise of China: An Assessment of China's Soft Power in Its Modernization Process*, Ph D Dissertation, Rutgers The State University of New Jersey - Newark，2006；胡鞍钢：《中国传媒迅速崛起的实证分析》，《战略与管理》，2004年第2期，第24—34页。

② James B. Steinberg, "Real Leaders Do Soft Power: Learning the Lessons of Iraq," *The Washington Quarterly*, (spring 2008), pp.155-164.

③ Joshua Kurlantzick, *Charm Offensive: How China's Soft Power Is Transforming the World*, New Haven: Yale University Press, 2007.

④ Takeshi Matsuda, *Soft Power and Its Perils: U.S. Cultural Policy in Early Postwar Japan and Permanent Dependency*, Stanford: Stanford University Press, 2007.

⑤ Aandrei P. Tsygankov, "If Not by Tanks, then by Banks? The Role of Soft Power in Putin's Foreign Policy," *Europe-Asia Studies*,Vol. 58, No. 7, 2006, pp.1079-1099.

社会关系的分析得出结论，认为海外移民对其移出国的软权力有直接影响，所以国民形象也是国家软权力的重要来源。[①] 理查德·罗斯（Richard Rose）以欧洲各国的语言为对象分析了统一的语言对于国家和地区软权力的作用，认为欧洲语言的不统一是阻碍欧洲软权力发展的重要原因。英语作为欧洲的通用语将有助于欧洲软权力的提高。[②]

综上，国内外学界对软权力的内涵和应用进行了各种有价值的分析和研究，这些分析大都是从国家层面对奈的软权力理论进行的补充和说明，其角度和内涵没有脱离奈的基本理论框架。软权力是国家和国家之间的权力互动模式，单纯从两个对象之间的吸引和感召等微妙的心理变化角度来研究软权力无疑是不够的。在大量的国际合作中，国家和国家之间、国家和国际合作体之间的权力互动更为复杂和重要，其非物质性的权力变化也是典型的软权力研究范畴，但学界对此研究甚少。本书将从国际和国家两个层面研究权力的互动，特别是通过分析中国和美国与世界贸易组织之间互动的案例来观察研究国家是如何通过提供国际公共产品而获得国际层面的软权力的。

二、公共产品理论

软权力与公共产品有着天然的联系，国际公共产品作为国家在自主自愿基础上生成的开放性的公利体系，其本身就是典型的国际软资源。

1. 一般公共产品理论

公共产品的雏形可以追溯到12世纪的欧洲。当时，欧洲的领主和封建主等统治阶级为了维护既得利益和统治秩序，向公众提供了医疗、

① Seong-Hun Yuna, Jeong-Nam Kimb, "Soft power: From Ethnic Attraction to National Attraction in Sociological Globalism," *International Journal of Intercultural Relations*, No. 32, 2008, pp. 565-577.

② Richard Rose, "Political Communication in a European Public Space: Language, the Internet and Understanding as Soft Power," *JCMS,* Vol. 46, No. 2, 2008, pp. 451-475.

教育等公共产品的雏形。[①] 18世纪，欧洲和美洲的工业化和资产阶级民主革命最终导致了君主制的衰落和现代主权国家的诞生。市场经济体系得以确立的同时，“主权在民”、“社会福利”等现代民主观念也开始深入人心。在这种背景下，保罗·萨缪尔森（Paul Samuelson）提出了具有现代意义的公共产品理论。即，公共产品就是指“任何人对该产品的消费都不影响其他人对该产品进行同等消费的产品。”[②] 公共产品有两个本质属性——“非排他性”和“非竞争性”。“非排他性”是指任何人对于此公共产品的消费都不能阻止他人对该产品进行同等消费；“非竞争性”是指任何人对该产品的消费都不会减损该产品的使用价值，从而影响其被他人进行再次消费。例如对给过往船只指明方向的海上灯塔而言，任何一艘船对该灯塔的使用都不能阻止其他船只对同一灯塔的使用；该灯塔引航的指向价值也不会因某一艘船只的使用而被减损从而影响其他船只对其引航功能的使用。因此，海上的灯塔就是一个典型的公共产品。“公共产品”概念的提出对现代经济学、政治学及管理学等学科产生了深远影响，直接导致了福利经济学和公共财政学的产生。

萨缪尔森提出的公共产品是高度抽象的理论模型。在现实生活中，“排他性”和“竞争性”是互相分离并且可以量化衡量的概念，因此有人把萨缪尔森界定的公共产品称之为“纯公共产品”。根据“排他性”和“竞争性”的分离，理查德·考恩斯（Richard Cornes）和托德桑·德拉（Todd Sandler）又将公共产品细分为纯公共产品（萨缪尔森提出的公共产品）、准公共产品（具有排他性而不具有竞争性，例如有知识产权保护的药品配方；具有竞争性而不具有排他性，例如有限的公共绿地）和俱乐部产品（具有部分的排他性和竞争性，例如采用会员制的马术俱乐部）三个类别。[③] 1983年杰克·赫舒拉发（Jack Hirshleifer）

---

① Meghnad Desai在*Providing Global Public Goods: Managing Globalization* (Kaul Inge et al, eds.)第一章中具体论述了公共产品的发展历程。

② Paul A. Samuelson, “The Pure Theory of Public Expenditure,” *Review of Economics and Statistics*, Vol.36, No.4, 1954, pp.387-389.

③ Richard Cornes and Todd Sandler, *The Theory of Externalities, Public Goods, and Club Goods*, 2nd ed., Cambridge: Cambridge University Press, 1996.

首次注意到公共产品的不同社会生产过程，并在此基础上把公共产品分为总和型公共产品（summation）、最佳方案型公共产品（best shot）和最弱环节型公共产品（weakest link）三种。[1] 总和型公共产品是指公共产品的总价值是各提供方所提供的各产品价值的总和，即每个提供者所提供的产品价值的增加都会导致总产品价值的增加，例如全球二氧化碳的减排。每个国家二氧化碳的减排都会对全球二氧化碳总量的减排产生影响，因此二氧化碳减排就属于总和型公共产品。最佳方案型是指一个成员对该公共产品的最优供给即可满足全体成员对该公共产品的需求，例如在公共卫生领域某种疫苗的研发成功。如果某个国家或某个人研制出了防治艾滋病的疫苗，那么这个疫苗就可以对全世界所有人提供预防艾滋病的保护，这种公共产品就是最佳方案型公共产品。最弱环节型是指某个公共产品的成功取决于该产品提供链条上最弱环节的成功，例如世界或地区和平的实现往往取决于冲突高发地区和平的实现。在当今世界，如果中东地区实现了区域和平和稳定，那么对世界和平就有极大贡献，这就是最弱环节型公共产品。

公共产品还有其他一些分类标准。例如，从产品影响的范围看，公共产品可分为国家公共产品和国际公共产品。根据公共产品发展阶段的不同，公共产品又可以分为阶段性公共产品和终极公共产品。根据公共产品中的人为因素，公共产品又可分为天然公共资源（例如大气层和公海）、政策产品（例如国际安全和金融稳定）和人造公共资源（例如国际组织和国际规则）等。

2. 国际公共产品理论

经济发展和技术进步加速了全球化进程，这是国际公共产品产生和发展的根本原因和前提。在全球化的浪潮中，国家间的经济、人员、资源等要素的流动使国家利益外溢成为相互联系和彼此依靠的利益网络，单个国家仅靠自身资源无法保证其国家利益的充分实现。例如国家无法依靠自身力量实现其对海外侨民和跨国公司利益的有效保护，

① Jack Hirshleifer, “From Weakest-link to Best-shot: The Voluntary Provision of Public Goods,” *Public Choice*, No.41, 1983, pp. 371-386.

单个国家也无法实现对跨国犯罪和恐怖主义的打击和控制。即使对于国家主权范围内的事务，国家单靠自身力量也无法实现充分管控，例如国家无法通过自身力量实现对大气污染的有效治理；处于河流下游的国家无法阻止上游国家对其境内水资源造成的污染。全球化使国家面临着愈来愈多的公共问题和利益诉求，如对国际和平与安全、对稳定的国际金融市场、对公共卫生安全等共同的利益诉求等。国家利益的外溢和国家间利益的趋同使国际合作成为各国实现国家利益的必然选择。

国际公共产品的概念来源于萨缪尔森的一般公共产品理论，很多学者对国际公共产品的概念进行了界定。奥利弗·莫利塞（Oliver Morrissey）等学者认为“国际公共产品就是能够提供某种功效的有益产品。从原则上讲，此种功效性世界上任何人均可享用。”[①] 英格·考尔（Inge Kaul）首次正式提出了全球公共产品的概念。[②] 她认为：“全球公共产品就是那些利益可以惠及所有国家、民众和子孙万代的产品。”鉴于此概念要求过于严格，她又提供了一个相对宽松但更有实际操作价值的概念：“如果一个产品提供的益处不局限于某一类国家，并且对任何团体及当代和后世各代子孙都没利益损害，那么它就满足全球公共产品的要求。”[③] 以上两个定义都强调了国际公共产品的国际公益性和非歧视性，并指出国际公共产品公益性的两种表现形式——获利的事实和潜在获益的可能性。

与国家公共产品相比，国际公共产品的权力政治性更加突出。现代国家主权理论和国际无政府性使每个国家都必须为自身利益负全部的责任，追求本国利益的最大化是任何国家的理性选择。因此，国际公利实际是国家共性私利的集合。国际公共产品生成的过程也是国家

---

① Oliver Morrissey, Dirk Willem te Velde, and Adrian Hewitt, “Defining International Public Goods: Conceptual Issues,” *International Public Goods: Incentives, Measurement and Financing,* Ferroni Marco & Mody Ashoka, eds., Norwell: Kluwer Academic Publishers, 2002, p.35.

② 国际公共产品有不同的提法，最为常见的为 international public goods。另外还有 transnational 和 public goods 的提高。虽然内涵范围和侧重有所不同，但研究方法基本相同，本书统一为国际公共产品，以下不再单独说明。

③ Inge Kaul, p. 95.

间权力和利益博弈的过程，其权力政治性的特点比国家公共产品更为突出。“全球治理不是与经济学相伴而生的管理科学，从很多方面都可以看出它是一个备受争议的政治过程。”①

对国家软权力与国际公共产品公共权力之间关系的研究大体上可以分为两类：从传统权力研究的视角对国际机制和国家权力之间关系的研究，主要以霸权稳定论和国际机制论为代表；把国际公共产品作为独立的理论体系对其公利性进行的研究，以英格·考尔的《国际公共产品的提供——全球化的管理》和托德·桑德拉的《全球集体行为》② 为主要代表。

霸权稳定论是从国际公共产品的角度研究国家权力与国际机制互动关系中最有影响的理论之一。查尔斯·金德伯格（Charles P. Kindleberger）明确提出国际体系中的权力具有实现国际公利的工具价值。③ 金德伯格认为，稳定的世界秩序建立在“仁慈的”霸权国提供的国际公共产品基础上。在国际无政府状态下，由于“囚徒困境”和“搭便车”现象的大量存在使国际合作充满了各种风险。在此种情况下，霸权国家依靠其强大实力独自出资或作为主要出资方在国际层面提供了某种公共产品。在向国际社会提供公共产品的过程中，霸权国提供了某种程度的国际公利，同时也满足了本国的利益需求。19世纪的英国和20世纪后半期的美国就是这样的霸权国。金德伯格列出了六项霸权国可以为国际社会提供的公共贸易产品：保护经济主体的安全、防止或缓解开放体系潜在风险的发生、建立产品标准、为国际金融储备提供统一货币、提供公共的国际基础设施、为市场风险的发生提供补救措施。④ 霸权稳定论在理论界引起很大反响，但也有其自身弱点。一个典型的质疑就是霸权国和国际公共产品之间的因果关系——

① Olga Memedovic et al, eds., *Public Goods for Economic Development*, Vienna: United Nations Industrial Development Organization, 2008, p.22.

② Todd Sandler, *Global Collective Action*, New York: Cambridge University Press, 2004.

③ Charles P. Kindleberger, *The World in Depression: 1929-1939,* Berkeley: University of California Press, 1973.

④ Stephen D. Krasner, “Structural Causes and Regime Consequences,” *International Regimes*, ed., Stephen D. Krasner, Ithaca and London: Cornell University Press, 1983, p. 13.

按照金德伯格的观点，如果霸权国是国际公共产品产生和存在的基础，那么霸权国的衰落必然导致国际公共产品供给的衰落，但事实却并非如此。美国在20世纪80年代和90年代都出现了相对衰落的迹象，但国际公共产品的发展却未因此受到影响。与金德伯格不同，基欧汉从国家合作利益和比较利益的视角发展了霸权稳定论。① 基欧汉认为，霸权国创立或主导国际公共产品的目的在于通过创立该国际公共产品从而在国家制度层面上保证本国利益的长久实现，并使其他国家相信参与该国际公共产品的供给与消费体系对本国利益大有好处——至少参加其中比不参加对国家更有利。罗伯特·帕尔（Robert Pahre）通过自己的研究丰富了霸权稳定论的内容。帕尔指出，如果一个国际公共产品的公利性被国际社会所确认，即使在霸权国削减或撤出其对该国际公共产品资助的情况下，该国际公共产品也不会衰落。因为一方面，该国际公共产品体系内的其他国家会在霸权国撤出的情况下相应提高各自对国际公共产品的供给；另一方面，该国际公共产品公利性的确立会吸引新的国家加入其中，从而增加该国际公共产品的供给量。②

新现实主义学者普遍认为，国家参加国际公共产品供给的根本原因在于参加其中可以最大效率地实现国家利益。③ 通过提供国际公共产品，国家不仅可以通过设计和制定国际制度和规则来保证国家利益的实现，而且该国际公共机制本身也为信息共享和交流提供了便利，从而降低了国家间的交易成本提高了合作效率。即国家参加国际公共产品的提供是因为国际公共产品本身具有能够满足国家需求的特性，即国际公共产品具有一定的功能价值。史蒂芬·克拉斯那（Stephen D. Krasner）也指出，国家利益是国家决定提供国际公共产品的唯一动力："霸权国以自己的国家实力为基础塑造世界贸易体系以实现本国的利益

① Robert Keohane, *After Hegemony: Cooperation and Discord in the World Political Economy*, Princeton: Princeton University Press, 1984.

② Carla Norrlof, *America's Global Advantage: US Hegemony and International Cooperation*, New York: Cambridge University Press, 2010, p. 31.

③ David A. Deese, p. 15.

优势，同时通过本国的影响力迫使他国加入其中。”①

“全球治理”理念的提出使国际公共产品发展成为独立的理论体系。20世纪90年代以来，互联网技术的普及进一步加速了全球化进程，更多的原本属于国家内部事务的问题外溢到国际甚至全球层面。英格·考尔、司哥特·巴莱特（Scott Barrett）和托德·桑德拉等学者对国际公共产品理论的发展做出了重要贡献。1999年，英格·考尔主编了《国际公共产品的提供——全球化的管理》一书。这是第一本从世界治理的角度对国际公共产品进行系统研究的著作。该书界定了全球公共产品的概念，并详细分析了全球公共产品的要素构成、功能、分类、供给、决策权分配、公平正义、发展中国家和发达国家的差距等各重要问题。该书为国际公共产品理论的成长和丰富建立了基本的理论框架和概念体系。司哥特·巴莱特在《为什么合作》② 一书中从解决问题的角度将国际公共产品分成了“最佳方案型”（single best shot efforts）、“最弱环节型”（weakest link）和“总和型”（aggregate efforts）三种，分析了国家对不同性质公共产品的合作动机、合作模式及对该国际公共产品价值的影响。托德·桑德拉在《全球集体行动》③ 一书中从国际合作的角度分析了国家如何通过生产国际公共产品来消除和减弱国际公害的影响。

还有很多学者从更加微观的层面对国际公共产品理论进行了具体分析与应用，例如对全球环境、国际安全、国际文化多样性等问题从国际公共产品角度进行的分析与提供的解决方案。④ 这些研究极大丰富并发展了国际公共产品理论的内涵。即使如此，国际公共产品作为独立的理论体系内容还比较薄的，有很多问题有待深入研究。威诺德·阿古沃尔（Vinod K. Aggarwal）和塞德里克·都彭（Cedric

① Douglas A. Irwin, Petros C. Mavroidis, Alan O Sykes, *The Genesis of the GATT*, Cambridge: Cambridge University Press, 2008, p. 189.

② Barrett Scott, Why Cooperate: *The Incentive to Supply Global Public Goods*, Oxford: Oxford University Press, 2007.

③ Sandler Todd, *Global Collective Action* (New York: Cambridge University Press, 2004) .

④ 具体见Kaul Inge et al, eds., *Providing Global Public Goods: Managing Globalization*, Oxford: Oxford University Press, 2003。

Dupont）指出："公共产品各个特点之间的关系；不同主体在提供公共产品过程中的战略性互动；国际机制对各成员国的效率价值及必要性等方面至今还没有系统的研究。"[①] 本书将从国际公共产品的公共权力和国家权力互动的角度对国际公共产品的权力性进行探索性研究。

第三节　研究设计

一、研究问题

本书有三个具体研究问题：国际公共产品具有何种权力？其特征及运行规律是什么？国家如何通过提供国际公共产品获得国际层面的软权力？为了在一定范围内将研究问题说清楚，本文设定了二个基本前提：第一，国际社会处在无政府状态中；第二，国家是理性行为体。这两个基本前提会产生三个基本推理：第一，国际社会的无政府性决定了主权国家是自身利益的唯一和全部责任人；第二，国际社会的无政府性决定了国家主权是国际层面权力的唯一合法来源；第三，国家行为的动机是实现本国利益的最大化。从这三个基本命题可以得出一个基本假设：国家提供国际公共产品是为了实现本国利益的最大化。作为理性行为体，国家做出提供国际公共产品的决定和行为至少要经过三步理性思考：第一，明确国际公共产品对国家是否具有"有用性"；第二，国家能否从国际公共产品的工具价值中获利；第三，国家如何利用国际公共产品的工具价值实现本国利益的最大化。本书的研究也遵循了这样的逻辑和思路。

本书首先思考了第一个问题——国际公共产品是否具有"有用性"。国际公共产品作为非自然存在的人类劳动产品，有用性是其人造性的必然结果。做为理性行为体，需求导向是人类社会发展的动力，

---

① Katharina Holzinger, *Transnational Common Goods: Strategic Constellations, Collective Action Problems, and Multi-level Provision*, New York: Palgrave Macmillan, 2008, p. 37.

即人类的任何行为都是为了满足自身的某种利益需求。国际公共产品的产生也是如此，即“有用性”是国际公共产品作为人类劳动成果的前提和要件。

第二个问题——尽管国际公共产品具有天然的“有用性”，但此种有用性在国际政治现实中能否实现？权力是利益的实现手段，国际公利的实现必须要有国际公共权力做保证，即国际公共产品的有效性的获取要求其内在权力体系做保障，这意味着国际公共产品必然是一种国际权力体。

第三个问题——国际公共产品作为“公共利益”和“公共权力”的资源性存在，国家如何才能获取其工具价值？国家与国际公共产品发生联系有两个主要途径：生产和使用。通过“生产”途径，国家可以通过对该产品的设计和制造使其成为实现本国预期利益的工具。国际公共产品一旦被生产出来，其他国家可以通过“使用”该产品与其发生联系，即通过遵守既定的国际规则体系分享其公利价值。相比“生产”而言，“使用”是被动地获取国际公共产品的途径，但却也是有效的途径。作为“非排他性的”和“非竞争性的”公利体系，国际公共产品可以使任何“使用者”获取其工具价值。因此，“生产”和“使用”二者都是国家获得国际公共产品权力价值的有效途径。

本书具体章节的安排遵循了这样的逻辑思路。第一章是关键概念，对软权力、软资源、国际公共产品等基本概念和相互关系做了界定和说明。第二章是核心理论，从软资源的角度分析了国际公共产品的权力来源和权力价值构成。第三章和第四章是案例分析部分，分别以美国和中国为例分析了国家和国际公共产品之间权力的互动模式，指出“研发”和“参加”都是国家获得国际软权力的有效途径。第五章是对国际公共产品权力变革的分析，即以世界贸易组织为例分析国际公共产品内部权力与机制的变化。

通过以上分析得出结论，国际公共产品是具有软权力价值的国际层面的软资源，国家可以通过“研发”与“加入”两种方式提供国际公共产品，国际公共产品的权力结构会随着时代变化及新成员的加入而发生变化。

二、研究方法

本书主要采用了案例分析法和比较分析法。

首先，本书选择了“关贸总协定”（GATT）和“世界贸易组织”（WTO）作为典型的国际公共产品案例。因为“对于国际关系的理解通常要从贸易活动及其结构的政治、法律、伦理蕴含这种层面来展开，这种知识应当是理解国际问题的基础知识。其中，贸易与秩序的关系是最重要的内容。”[①] 而且，世界贸易组织除了具有一般公共产品的非竞争性和非排他性以外，还具有典型的公共性和权威性。从关贸总协定发展而来的世界贸易组织是贸易领域的全球性公共产品，其正式成员有153个，[②] 几乎占世界主权国家总数的三分之二，被称为经济联合国。世界贸易组织以其严格复杂的规则体系、成熟有效的争端解决机制、众多的成员数量对国际贸易活动的有序进行发挥了重要作用。特别是2001年中国加入其中后，该国际公共产品的合法性和效率性得到了极大提升。世界贸易组织的前身是1947年成立的关税及贸易总协定国家集团。该组织与国际货币基金组织、世界银行一起成为二战以后布雷顿森林体系的三大支柱。在建立之初，关贸总协定只有23个缔约国，而且基本上都是欧美资本主义国家。在50多年的时间里，关贸总协定成员总数增加了六倍，成员身份也更加多样——既有实行自由贸易的资本主义国家，也有不同类型的转型经济体；既有发达国家，也有发展中国家和最不发达国家；既有意识形态中传统的西方国家也有东方国家。经过近50多年的发展，关贸总协定已经从一个集团俱乐部式的区域合作体发展为开放的全球性国际公共产品体系。特别是世界贸易组织在规则体系、准入机制、争端解决机制等各方面比原来的关贸总协定做了更加严格的规定和细化后，其作为国际公共产品的合法性和权威性得到很大程度的提升，其在世界经济和贸易领域的影响力

① 于向东、施展：《全球贸易双循环结构与世界秩序》，《文化纵横》2013年10月号，第46—55页。

② 具体数字来自WTO网站，http://www.wto.org/english/thewto_e/whatis_e/tif_e/org6_e.htm，2011年11月10日登录。

也没有任何组织可与之相比。本书选择世界贸易组织（关贸总协定）作为国际公共产品案例的原因就是因为它具有典型的功效性、权威性和国际影响力。

其次，本书运用了案例法和比较法研究了国家获得国际层面软权力的不同途径。

美国和中国都是世界性大国，在人口、资源等各方面有很多相似之初。在相互依赖的国际体系中，中美两个大国的行为会对世界政治和经济活动产生重大影响。从参与国际公共产品提供的视角比较二者的异同具有重要的理论意义和政策价值。美国作为世界唯一的霸权国，其强大的国家实力使其成为世界最主要的国际公共产品的提供者。可以说，二战以后世界政治和经济秩序的建立主要依靠了美国主导下的各领域国际公共产品的供给，因此“发生在当代的全球化进程经常被等同于美国化进程……”[①] 世界贸易组织（关贸总协定）就是典型的美国“研发”的国际公共产品。中国作为世界最大的发展中国家，由于历史和政治等原因曾长期游离于主流国际体系之外。历史的教训和现实的差距使中国深刻意识到融入国际体系的必要性和紧迫性，参加国际公共产品的提供是中国融入国际体系的一个有效方式。美国和中国作为世界最大的霸权国和最大的发展中国家，都参加了国际公共产品的提供。但二者的供给方式截然不同，一个是“研发”，一个是“参加”提供。以美国和中国为例可以清楚地了解和比较这两种途径的异同。

第四节 研究的贡献和不足

本书有三点理论贡献。

第一，本书从资源角度对国家权力进行了界定，使权力概念的划

① Joseph Nye Jr. S. & Donahue D. John, eds., *Governance in a Globalizing World*, Washington, D.C.: Brookings Institution Press, 2000, p.7 (introduction).

分和内涵更加清晰。本文指出国家权力就是国家用工具资源获得目标资源的能力，从资源获取手段的角度可以把权力分为软权力和硬权力两种。此种从资源角度对权力进行的划分可以清楚地将软权力和硬权力剥离开，使二者成为内涵分离和互为补充的独立概念，避免了奈在软权力定义上的含混不清。

第二，本书在国际层面对软权力进行研究，丰富了软权力的研究视角和内涵。国际公共产品作为国家权力和国际公共权力的汇合点，是研究国家软权力的有效观测点。国家主权、国际公权等各种权力之间以非暴力形式进行柔性互动，这集中体现了国家软权力的运行特点。从软资源角度对国际公共产品进行分析，可以知道国际公共产品具有功效性、合法性、制度性和增殖性权力价值。通过与国际公共产品的互动，国家不仅可以分享国际公共产品的软权力价值，而且还可以促进国际公共产品自身软权力的成长。从国际公共产品的视角对软权力进行研究，也扩展了软权力本身的研究视角，使软权力的研究有了更广阔的理论视野和政策意义。

第三，本书在国家和国际两个层面分析了个体国家和国际公共产品间权力的互动关系，指出了在国际层面上国家软权力的两种实现途径——“研发”和“参加”。国家实力的不同决定了国家获取软权力途径的不同。同时，还研究了国际公共产品内部权力结构自身的变革。时代的变化及新成员的加入都会成为影响国际公共产品既有权力结构变化的因素。对于处在正在融入国际体系中的中国而言，从国际公共产品的角度研究国家软权力的提高，会为我国深度融入国际体系提供有益的理论指导。

囿于篇幅和能力所限，本书还有一些不足之处，这是未来的研究方向和课题。

第一，本书分析的出发点是主权国家的权力，国际公共产品是主权国家集体让渡部分管理权而形成的公共权力集合体。虽然国际公共产品的公共权力来源于国家主权，但经过高度国际规则化和机制化后，以国家主权为基础的国际公共权力已经成为独立于国家主权之外并具有高于主权国家效力的具有一定自主性的权力行为体。这种新的权力行为体与国家软权力之间如何发生作用？这种相互作用对国际合作会产生何种影响？本文对此问题也没有展开详细论述。

第二，主权国家是国际社会的基本行为主体，这就使得政府间国际组织是国际公共产品的主要组成部分。本文的研究对象和案例也是以政府间组织为主。随着人权观念的深入和国际公民社会的发展，越来越多的国际非政府组织成为国际公共产品的供给者，在国际事务中的作用日益重要。政府组织和非政府组织在权力的互动关系与特点有很大不同，本研究没有对非政府组织提供的国际公共产品进行研究，学界对非政府组织的权力研究也不充分。

第1章 国际公共产品的软资源属性

权力是国际政治的核心议题。权力有多种划分方式，从作用方式和存在形态的角度可以把权力分为软权力和硬权力。硬权力一般指军事和经济领域中可以量化的物质性力量，软权力则主要指文化和意识形态领域中不可量化的非物质性力量。无论何种权力，其本质都是以支配和获取资源为目的某种意志的实现，即意志和资源是权力的两个基本属性。权力的“意志性”作为其外在显性特征受到了学界的广泛关注，大部分学者都认为权力就是让别人听从自己的命令。相对而言，权力的“资源性”很少出现在权力的定义中。本研究认为，资源是权力的物质性基础和起点，任何权力的实现都以对特定资源的占有为前提；同时，资源还是权力的保证和终点，因为任何权力的行使都以一定的既有资源为基础并以占有更多资源为目的。因此本章将从资源角度对权力进行深入分析。

第一节　软权力与软资源

权力是社会科学的核心概念，也是引发最多学术争议的概念。“在整个社会科学领域，没有哪个概念如‘权力’一样引起了如此大的争议。"①据统计，"权力"至少有17种不同定义。②仅在国际关系领域对"权力"的内涵就存在很多不同的理解。以汉斯·摩根索（Hans J. Morgenthau）为代表的现实主义学者强调国家权力的"冲突性"和"对抗性"。摩根索认为，权力是"人对其他人的思想和行为的控制"③。以马克斯·韦伯（Max Weber）为代表的社会学派强调权力的社会性和二元关系性。韦伯认为，"权力指处在某个社会关系中的一个行为体在有阻力的情况下实现自己意愿的可能程度"④。以伊曼纽尔·沃勒斯坦（Immanuel M. Wallerstein）为代表的系统论学者强调权力的整体结构性。沃勒斯坦认为，"生产的结构产生了核心国家、外围国家和边缘国家；这些国家在世界体系中的位置决定了他们的身份和利益……"⑤；以亚历山大·温特（Alexander Wendt）为代表的建构主义学派则强调权力的社会建构性。温特认为，"观念决定权力的意义和内容，决定国家实现利益的战略，也决定利益本身。"⑥

从上述不同的观点中我们能发现一些共性，这些学者都直接或间接提到了权力的资源要素，所不同的是对资源和权力之间关系的看法。现实主义者将资源（特别是有形资源）看作权力的终点甚至是权力本身；社会学者将资源看作意志实现的手段；系统论学者将资源作

---

① Anthony T. Cobb, "An episodic model of power: Toward an integration of theory and research," *The Academy of Management Review,* Vol.9, No.3, 1984, pp. 482-493.

② 高尚涛:《权力与规范》，博士论文,2006年6月，第26页；专门讨论权力的比较有代表性的著作有：Harold Lasswell and Abraham Kaplan, *Power and Society*, New Haven, CT: Yale University Press, 1950; Roderick Bell, et al., eds., *Political Power: A Reader in Theory and Research*, New York: Free Press, 1969; David V. J. Bell, *Power, Influence and Authority: An Essay in Political Linguistics*, New York: Oxford University Press, 1975; Dennis Wrong, *Power: Its Forms, Bases and Uses*, New York: Harper, 1979; Michael Mann, *The Sources of Social Power, Vol.I: A History of Power from the Beginning to A.D. 1700*, Cambridge: Cambridge University Press, 1986.

③ 汉斯·摩根索:《国家间政治：寻求权力与和平的斗争》，北京：北京大学出版社,2004年版，第32页。

④ Norman Uphoff, "Distinguishing Power, Authority & Legitimacy: Taking Max Weber at His word by Using Resources-Exchange aanalysis," *Polity*, Vol. 22, No. 2 , 1989, pp. 295-322.

⑤ Immanuel Wallerstein, "The Interstate Structure of the Modem World-System," in Steve Smith, Ken Booth, and Marysia Zalewski eds., *International Theory: Positivism and Beyond*, New York: Cambridge University Press, 1996, pp. 171-85.

⑥ [美]亚历山大·温特:《国际政治的社会理论》，秦亚青译，上海：上海人民出版社,2000年版，第383页。

为结构的产物；建构主义者则把观念本身就视为一种权力资源。虽然各派学者都认为资源是权力的内在要素，但对其与权力之间的关系没有进行清晰详细的论述。本研究将从资源角度对权力概念进行定义和详细的分析。

一、权力与资源

资源是能够满足某种需求的价值存在，“有用性”是其本质属性。资源也是国家权力得以存在的前提和基础，是国家权力发生作用的起点和终点，是国家权力的核心和根本属性。国家权力就是国家利用既有资源（工具资源）获取预期资源（目标资源）的能力和过程。根据存在形式的不同，资源可以分为硬资源和软资源两种。硬资源指有形的物质价值存在，例如国家地理疆域（如领地、领海、领空等）、国民（如人口等）、自然物产（如作物、矿产、能源等）、人造物产（如

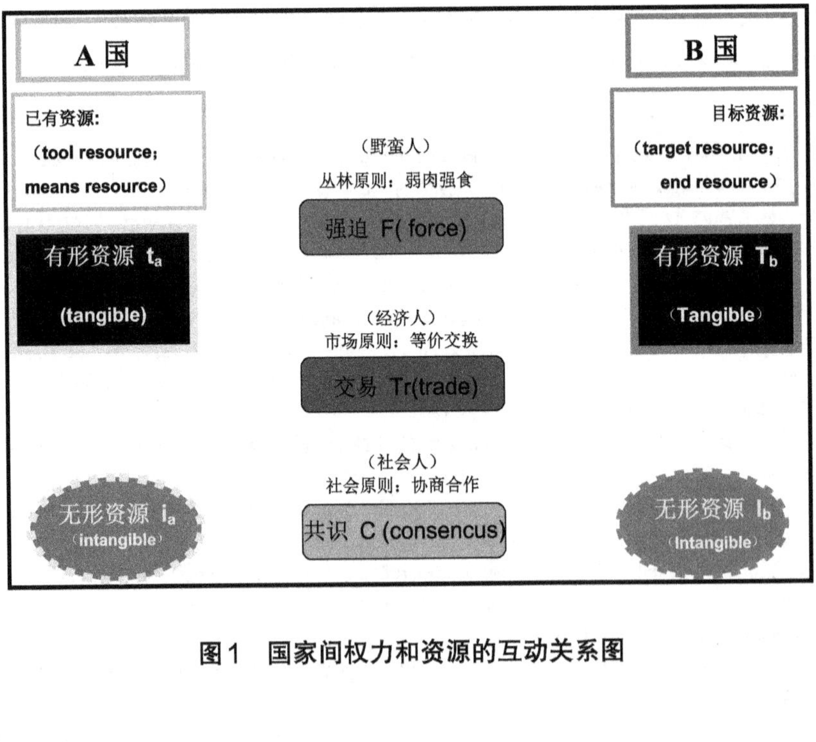

图 1　国家间权力和资源的互动关系图

城市、建筑等）等。软资源指无形的非物质价值存在，具体包括人类对自然世界的认知体系（如科学、技术等）和对人类社会的认知评价体系（如观念、制度等）。硬资源和软资源之间是相互依存并可以相互转化的，二者共同构成权力体系的基础和保障。下面的图示（图1）以两个国家之间资源互动的模式分析了软资源、硬资源、软权力和硬权力之间的关系。

如图1所示，国家获得资源的方式可以有三种：强迫、交易和达成共识。假设存在A和B两个主权国家，在理论上A国可以有十二种获取B国资源的方式，即：$t_a \rightarrow FT_b$，$t_a \rightarrow Tr \rightarrow T_b$，$t_a \rightarrow C \rightarrow T_b$；$t_a \rightarrow F \rightarrow I_b$，$t_a \rightarrow Tr \rightarrow I_b$，$t_a \rightarrow C \rightarrow I_b$；$i_a \rightarrow F \rightarrow T_b$，$i_a \rightarrow Tr \rightarrow T_b$，$i_a \rightarrow C \rightarrow T_b$；$i_a \rightarrow F \rightarrow I_b$，$i_a \rightarrow Tr \rightarrow I_b$，$i_a \rightarrow C \rightarrow I_b$。由于主权国家利益的分离，A国获取B国的物质性资源是不能通过"达成共识"这个机制发生作用，即在现实中不存在$t_a \rightarrow C \rightarrow T_b$这种资源转化形式。A国获取B国的非物质性资源不能直接依靠A国的物质性力量得以实现，必须通过A国的非物质资源进行转化，所以，$t_a \rightarrow C \rightarrow I_b$和$t_a \rightarrow F \rightarrow I_b$这两种资源转化模式在现实中不存在。A国的非物质性资源无法独立使用强制性手段获取B国的物质或非物质性资源，所以，$i_a \rightarrow F \rightarrow T_b$与$i_a \rightarrow F \rightarrow I_b$两种模式在现实中也不存在。A国的非物质性资源只有与B国的非物质性资源才能发生"协商一致"的机制，其本身无法直接获取B国的物质性资源，所以$i_a \rightarrow C \rightarrow T_b$这个模式也不存在。综合而言，在理论上可行的六种模式$t_a \rightarrow C \rightarrow T_b$，$t_a \rightarrow C \rightarrow I_b$，$i_a \rightarrow F \rightarrow T_b$，$i_a \rightarrow F \rightarrow I_b$，$t_a \rightarrow F \rightarrow I_b$，$i_a \rightarrow C \rightarrow T_b$，在现实中是不存在的。

在国际政治的现实中，A国只有八种获取B国资源的方式：即（1）通过己方有形资源获取对方有形资源：$t_a \rightarrow F \rightarrow T_b$，$t_a \rightarrow Tr \rightarrow T_b$;（2）通过己方有形资源获取对方无形资源：$t_a \rightarrow F \rightarrow T_b \rightarrow I_b$，$t_a \rightarrow Tr \rightarrow I_b$;（3）通过己方无形资源获取对方有形资源：$i_a \rightarrow Tr \rightarrow T_b$，$i_a \rightarrow C \rightarrow I_b \rightarrow T_b$;（4）通过己方无形资源获取对方无形资源：$i_a \rightarrow Tr \rightarrow I_b$，$i_a \rightarrow C \rightarrow I_b$ 。在这八种形式中，$t_a \rightarrow F \rightarrow T_b \rightarrow I_b$和$i_a \rightarrow C \rightarrow I_b \rightarrow T_b$两种资源的运动形式是有形资源和无形资源间的转换，即A国的有形资源不能直接以"强迫"方式占有B国的无形资源，而是必须通过占有对方的有形资源之后，利

用B国有形资源与无形资源间的内在互动机制，间接实现对B国无形资源的占有。同理，A国的无形资源也不能直接获取B国的有形资源，而是必须是通过获取B国无形资源之后，利用B国无形资源与有形资源之间的内在互动机制，间接实现对B国有形资源的占有。

具体举例说明如下：

1．$t_a \rightarrow T_b$：A国有形资源获取B国有形资源

A国 有形资源	获取方式	B国 有形资源	举例
疆域 国民 自然物产 人造物产等	强制 $t_a \rightarrow F \rightarrow T_b$	疆域 国民 自然物产 人造物产等	日本通过侵华战争掠取中国的自然资源。
	交易 $t_a \rightarrow T_r \rightarrow T_b$		美国向俄国购得阿拉斯加领土所有权。

2．$t_a \rightarrow I_b$：A国有形资源获取B国无形资源

A国 有形资源	获取方式	B国 无形资源	举例
疆域 国民 自然物产 人造物产等	强制 $t_a \rightarrow F \rightarrow T_b \rightarrow I_b$	对自然世界的认知及对人类社会的认知及评价等	英法等国通过鸦片战争侵占中国领土，强迫通过清政府签订不平等条约，进而获得中国更多的硬资源和软资源。
	交易 $t_a \rightarrow Tr \rightarrow I_b$		台湾当局通过向经济落后国家与地区提供经济援助，获得被援助国的外交承认。

3．$i_a \rightarrow T_b$：A国无形资源获取B国有形资源

A国 无形资源	获取方式	B国 有形资源	举例
对自然世界的认知及对人类社会的认知及评价等	交易 $i_a \rightarrow Tr \rightarrow T_b$	疆域 国民 自然物产 人造物产等	一些国家用国际投票权换取他国对其进行经济援助。
	认同 $i_a \rightarrow C \rightarrow I_b \rightarrow T_b$		强国建立某种国际秩序或规则，弱国接受并认同该规则体系，强国借此获得弱国的国内软资源，进而可获得其硬资源。例如世界贸易组织的建立。

4. $i_a \rightarrow I_b$：A 国无形资源获取 B 国无形资源

<table>
<tr><th>A 国
无形资源</th><th>获取方式</th><th>B 国
无形资源</th><th>举例</th></tr>
<tr><td rowspan="2">对自然世界的认知及对人类社会的认知及评价等</td><td>交易
$i_a \rightarrow Tr \rightarrow I_b$</td><td rowspan="2">对自然世界的认知及对人类社会的认知及评价等</td><td>A、B 两国间科学技术成果的交换。</td></tr>
<tr><td>认同
$i_a \rightarrow C \rightarrow I_b$</td><td>A 国由于认同 B 国主导的价值观而主动加入其主导的国际体系中：例如受美国民主理念影响的苏联社会主义成员国进行的民主变革。</td></tr>
</table>

以上分类更清楚地说明了资源在国家间的运动和转化。在国际政治的实际活动中，资源的运动通常是以上各种方式的综合。二战结束后，美国凭借自己超级大国的实力（硬资源为基础）建立了布雷顿森林体系，建立并主导了国际经济秩序（占有国际软资源），其他国家出于市场需求与规模成本的考虑陆续加入该体系中（获取目的国软资源），从而最大化实现美国本国的经济利益（获取他国的硬资源），并获得国际影响力（占有国际软资源），同时以此为基础，不断强化这个体系从而进一步增强美国的国家权力。由此可见，作为服务国家利益的价值存在，硬资源和软资源之间是相互依存并可以互相转化的，二者共同构成实现国家利益的互补性工具体系。

奈把软权力定义为“软权力就是通过吸引而不是强制或收买而得到你想要的物品的能力。”在上面分析的八种国家间资源转化形式中，只有 $i_a \rightarrow C \rightarrow T_b$ 和 $i_a \rightarrow C \rightarrow I_b$ 两种属于软权力的运动范畴。据此，本书从资源角度为软权力做出定义。国际层面的软权力就是 A 国的无形资源通过“达成共识”的机制获取 B 国有形或无形资源的能力。与之相对，国际层面的硬权力就是指 A 国的有形资源以强制的方式获取 B 国有形或无形资源的能力，即 $t_a \rightarrow F \rightarrow T_b$；$t_a \rightarrow F \rightarrow I_b$。严格地说，通过市场交易方式发生的资源转换的四种形式：$t_a \rightarrow Tr \rightarrow T_b$；$t_a \rightarrow Tr \rightarrow I_b$，$i_a \rightarrow Tr \rightarrow T_b$；$i_a \rightarrow Tr \rightarrow I_b$ 既不属于硬权力也不属于软权力，是软硬权力之间的中间状态，本书将其定义为交易权力。在这三种权力形式中，硬权力的特点是“强制性”和零和关系；软权力的特点是“非强制性”和正和关系；交易权力的特点则是“自主选择性”和等价关系。下面将重点分析软权力的作用方式。

二、软资源的权力性

资源是能够满足人类某种需求的有形和无形的价值存在，是权力的核心和前提，也是权力的起点和终点。同理，软资源也是软权力的核心，是软权力得以存在和发生作用的前提和基础，是其运行的起点和终点。

1. 软资源的定义和分类

具体说，软资源就是人类在社会生产和生活中产生的以非物质形态存在的能够满足人类某种需要的价值存在。软资源由认知性和评价性两种共识体系组成，在社会生活中相互影响，并共同构成软权力的基础。

认知性共识是人类对自然存在和社会存在的真实性和规律性的社会认同，是以真伪为标准的事实性判断，解决的是“是不是”的问题。地理、生物、物理、化学等自然科学领域的成果都是人类对自然世界真实性做出的认知性判断；马克斯·韦伯的行政组织理论、约翰·凯恩斯的自由贸易理论、卡尔·马克思的资本论等社会科学成果则是对社会现象和人类行为做出的认知性判断，二者都是认知性共识体系的组成部分。评价性共识是指人们对社会存在，即对与人有关的一切活动的合理性评价和判断，是以是非为标准进行的价值判断，解决的是“该不该”的问题。法律体系、道德体系、价值体系、宗教信仰等都是取得了高度社会认同的对人类活动合理性进行判断的社会评价体系，是典型的社会评价性共识。

在现实生活中，认知性和评价性两种共识体系通常交织在一起发挥作用。人类社会各层次的软资源都由此两类基本共识组成。一般说来，认知性共识是评价性共识的前提和基础，评价性共识是在认知性共识基础上形成的对社会关系和人类行为的价值判断。例如，“人与自然要和谐相处”这个评价性共识就建立在“人是自然界的一部分”这样的认知性共识基础之上。再如，“不同国家和民族之间能够和平共处”这个评价性共识也是建立在“不分种族和民族，人类天性热爱和平并厌恶战争”这个基本的认知性共识基础之上。

2. 软资源的特点

第一，“有用性”是软资源的本质属性。只有能够满足人类某种（物质或精神）需求的客观存在才可称为资源。根据定义，软资源是“能够满足一定需求的”社会共识体系。人类在科技领域的新发现和发明都是人类对好奇心的某种满足，是人类探索世界的阶段性产物。“伦理”、“道德”、“宗教”等则是人类实现自身精神平衡的产物。

第二，“梯次性”是软资源的权力属性。人是软资源存在和发生效力的最终载体和作用对象。现代人类社会权力结构的梯次性决定了软资源的社会梯次性，即该软资源所属社会权力层次越高，其软资源的稳定性、社会认可度和权威性就越高。以权力效力为维度，社会可以分为四个权力层级：个人层级，社会组织层级，政府层级和国际社会层级。[①]前三个层级属于国内范畴，后一个属于国际范畴。[②] 社会权力层次不同决定了同一类型的软资源具有不同的效力和权力价值，如表1所示。

表1 软资源的社会权力分层表举例

层级	软资源举例
国际层级	（评价性共识）国际法律法规、条约、人类普世价值观等
	（认知性共识）国际社会的运行规律，对全人类有重大影响的科学发现和科技成果等
政府层级	（评价性共识）法律体系、政权理念、民族精神等
	（认知性共识）国家的运行规律：经济模式，社会模式；对国家有重大影响的科学发现和科技成果等
社会层级	（评价性共识）企业规章、企业文化、企业精神等
	（认知性共识）企业和组织的运行规律；对企业和组织有重大影响的科学发现和科技成果等
个人层级	（评价性共识）道德观、价值观等个人处事原则等
	（认知性共识）对自然世界及人类社会规律的基本认知

① 此处的“社会组织”是广义的概念，指除政府之外的一切有组织的社会群体机构，包括营利性机构（公司、厂矿等）、非赢利性机构（学校、医院）和公益性机构（福利院、爱心基金等）。

② 为了研究方便，此处的“社会组织”强调在社会资源调配和机构组织方面的效力低于国家政府的国内社会组织形式，不强调其跨国或跨地区性，所以将其归为国内范畴。

无论是认知性共识还是评价性共识，其稳定性、权威性和社会认可度都随着所属社会权力层级的提高而逐层提高。以“民主产生公正”这个评价性判断为例，作为个人层面的认知共识，这个评价性判断只是社会中一部分人的价值和行动指南，没有明确统一的内涵和保障机制。持有此观点的个人随时可能发生观念上的变化，即个人层面的共识具有较大的不确定性和不稳定性。同是这样一个评价性共识，其在社会组织的层面存在就比之在个人层面的存在具有更高的稳定性、权威性和认可度。如果“民主产生公正”成为国家政府层面的共识，国家就会通过国家机器对此共识进行法理化和行政化处理。与个人层面和社会组织层面相比，政府层面的共识显然具有最高的权威性、可信度和稳定性。

从上面的分析可知，评价性共识在不同权力层面上具有不同的权威性。随着权力层次的升高，软资源的稳定性、社会认可度和权威性也不断增加。较低权力层的软资源是较高权力层软资源的基础，较高权力层的软资源是较低权力层制度化和法律化的结果。具体关系可用下面的梯形图（图2）表示。

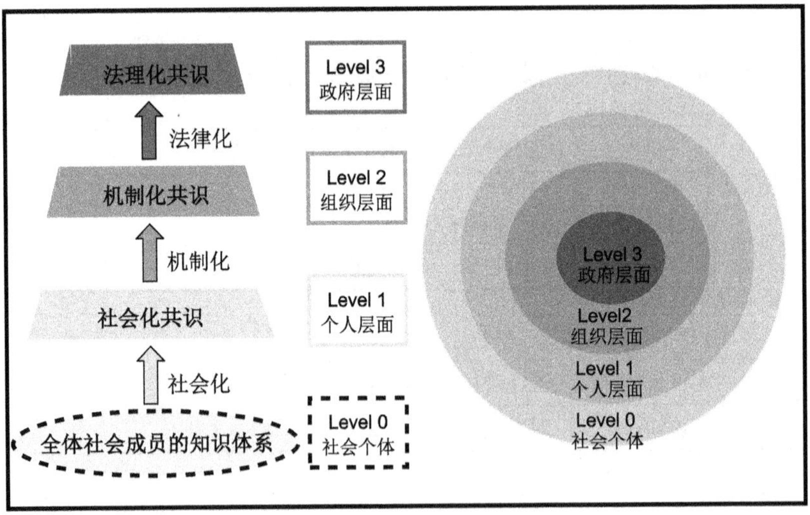

图2　软资源的社会分层图

第三，“公共产品性”是软资源的社会属性。“公共产品”是1954年保罗·萨缪尔森首次作为系统经济学理论的一部分提出的。[①] 公共产品指“任何人对该产品的消费都不影响其他人对该产品进行同等消费的产品”[②]。根据萨缪尔森的定义，“公共产品”有“非排他性”和“非竞争性”两个基本特征。“非排他性”也称消费上的非排他性，是指一个人在消费该产品时无法排除其他人对该产品的消费。“非竞争性”有两层含义，一是指该产品的边际生产成本为零，即增加一个公共消费者该产品的供给者并不增加成本；二是指边际拥挤成本为零，即每个消费者对该产品的消费行为都不影响其他消费者对该产品进行同等程度的消费。

根据“公共产品”的定义和特征可知，稳定的观念共识体系具有明显的非排他性、非竞争性、零边际生产成本，零边际拥挤成本等基本公共产品要素，是一种典型的公共产品。

三、软权力的作用机制

达成共识是指两方或多方主体在自主自愿的情况下就某一认知或评价达成共同的认可和接受。软权力发生作用的过程实质上就是双方在共识基础上发生的资源转换。这个过程有如下具体特征。

1. 公共性和互利是“共识”发生的基础。

在国际无政府状态中，不同国家间得以达成共识主要有二个原因。

第一，人类需求的普遍性和评价标准的公共性是“共识”发生的前提。人类具有普遍的需求和共同的心理特征，这是不同国家和民族之间能够彼此合作的社会心理基础。具有共性并不等于否认人类文明和价值观的多样性，而是说不同国家、民族、种族具有共同的判断标

① 在萨缪尔森之前已经有学者提出了公共产品的概念。“公共产品”一词最早由瑞典人林达尔在1919其博士论文《公平税收》中首次正式提出，具体可见Lindahl, Erik, “Just taxation—A positive solution”, in Musgrave, R. A.; Peacock, A. T., *Classics in the Theory of Public Finance, London: Macmillan, 1958.*

② Paul A Samuelson, “The Pure Theory of Public Expenditure,” *Review of Economics and Statistics*, Vol. 36, No.4, 1954, pp.387-389.

准，即人性中有共通的部分。例如对社会生产效率性的追求、对生命的珍惜、对真善美的追求等普遍存在于各个国家和民族中的文化与观念中，是基本人性的体现。这些最基本的共识观念构成的人类共有的评价标准是不同国家间合作的前提和基础。联合国宪章就是最典型和最具影响力的人类共识体系。

第二，互利是国家间“达成共识”的决定性因素。国家的本质功能是为国民提供需求满足。在国际无政府状态中，国家利益是国家进行一切活动和行为的出发点和目的。国家间共识的达成也是国家利益驱动的结果。在相互依存的国家间关系中，任何一个国家都不能依靠自身力量保证实现其所有国家利益，因此合作成为国家实现其利益的必然选择，即互补性和共性利益需求是国家间达成共识进行合作的基础。

2. 利益共同体和价值共同体是一种“共识”性联盟。

利益共同体是达成国际共识的直接结果。国家利益是国家进行一切活动的根本出发点和最终目的，不同国家间之所以能够达成共识就是因为能够通过合作实现相互利益和共同利益，即形成某种利益共同体。以温特为代表的建构主义者认为，国家利益不是外生的，而是由人类观念建构而成的，是人类认知体系的一部分。[①] 因此，作为认知性评价的一部分的国家利益观会以软资源的形式通过合作在国家间传播从而实现其自身价值和影响力的增加。以“自由贸易和市场有利于现代国家经济的良性发展”这个认知性共识为例，对这个经济规律的认知性共识首先产生于英国。“自由贸易”和“市场”因其在社会生产领域体现出的“高效益”和“高效率”很快被欧洲、美国、加拿大、日本等国接受从在国际社会中形成了更为广泛的认知性共识——自由贸易和市场是促进生产和经济发展的有效机制。持有此种认知判断的国家间形成了更为广泛和坚实的认知共同体，并在此基础上通过种种合作机制而形成了利益共同体。世界贸易组织、欧盟及各种区域性经济组织都是在认知性共识基础上形成的利益共同体。

① [美]亚历山大·温特:《国际政治的社会理论》，秦亚青译，上海人民出版社，2008年版。

价值共同体是共识性共同体的深层结构。价值判断是人类区别于其他动物的本质属性之一，是人的社会性的根本体现。无论个人还是国家，深层次共识的形成一定有共同的价值判断作基础，即对价值的认同是共识的高级形式。在国际社会中，国家间合作也有价值判断参与其中。形成利益共同体的国家该利益的价值判断也是相同的，即价值共同体是利益共同体的深层结构。俗话说的“物以类聚，人以群分”讲的就是这个道理。资产阶级民主革命最早产生于法国，而后欧洲大部分国家都经历了类似的民主革命进程。欧洲各国对权力制衡、自由、平等、民主等有共同的价值判断，各国在不断的合作中逐渐成为一个统一的利益共同体（欧洲共同市场的形成）和价值共同体（欧盟宪法条约的形成），形成共同体是欧洲一体化进程的重要作用机制。

第二节　公共产品的软资源属性

“公共产品”是对一定社会需要提供满足的人类劳动成果，具有典型的软资源特点。第一，公共产品是一种“非物质性”价值存在。任何有形的物质存在都会有数量上的竞争性，即对其进行消费会导致该有形产品总量的减少从而影响他人对该产品的消费，例如石油能源、淡水资源等。“非竞争性”决定了公共产品的存在形态只能是非物质性的。第二，公共产品具有“有用性”。产品性是公共产品的基本属性之一，产品的两个基本要素是“有用性”和“人造性”，公共产品自然具备此两个属性。第三，公共产品具有“梯次性”的社会权力性。公共产品是社会建构的产物，具有社会权力属性。公共产品根据社会权力级别的不同可以分为团体性公共产品、国家公共产品和国际公共产品等。

除了一般的软资源属性外，公共产品还具有特殊的软资源属性，具体表现为非市场性、社会建构性和权力政治性。

首先，公共产品是“市场失灵”的产物，所以非市场性是公共产品的基本属性。“竞争性”和“排他性”是私有产品的本质属性，“非竞争性”和“非排他性”则是公共产品的根本属性。“竞争性”和“排他性”是私有产品在市场上实现自身价值的手段和基础，即某产品市场价值的高低取决于该产品竞争性和排他性的强度。以牛奶和石油为例。对于一般国家而言，石油的市场价值显然要高于牛奶，因为石油是对国家有重大战略意义的不可再生资源，具有比牛奶更高的市场“竞争性”和“排他性”，即竞争性和排他性是具有数量要素的概念。同理，公共产品的“非排他性”和“非竞争性”也具有一定的数量意义。图3清楚地表明了公共产品和私有产品之间的关系。一般来讲，同时具有竞争性和排他性的产品就是私有产品；与之相反，同时具有非竞争性和非排他性的产品就是纯公共产品；或者具有非竞争性或者具有非排他性的就是准公共产品。有学者又将准公共产品根据排他性

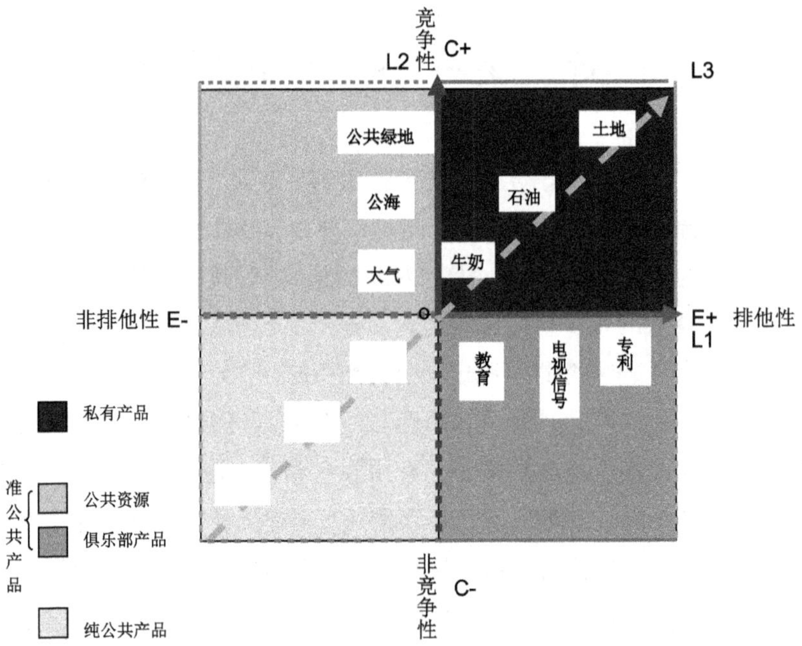

图3　公共产品与私有产品的关系图

说明：C代表竞争性（competitiveness）；E代表排他性（exclusiveness）。

和竞争性的不同具体分为共有资源（common pool resources）和俱乐部产品（club goods）两类。[①]

其次，社会建构性是公共产品的社会属性。排他性和竞争性具有可以量化的特点，这就意味着随着某种私有产品或准公共产品竞争性或排他性的降低使其值达到零或负数，该产品就具有了非排他性或（和）非竞争性从而成为（准或纯）公共产品。这种对排他性和竞争性强度的改变是通过社会建构实现的，即某个产品是私有产品还是公共产品不是由其本身内在性状决定，而是“私有性和公共性都是社会建构的结果”。[②] 社会建构往往需要借助社会权力得以实现。以牛奶为例，作为市场上出售的商品，牛奶是典型的私有产品，具有明确的竞争性和排他性。但日本国内通过立法规定国家免费给小学生提供牛奶。牛奶虽然作为有形资源的存在在数量上具有一定竞争性，但其作为国家政策的法定供给品，已经完全失去了排他性，成为公共资源（准公共产品）的一部分。再以教育为例，教育本身作为无形资源并没有竞争性，但其作为社会产物，历史上贫富、性别、种族、宗教等因素都曾使教育资源具有了一定排他性。在现代国家建立后，国家通过立法保障了人人都有资格接受教育的基本权力，教育才成为全体社会成员都可以消费的纯公共产品。图4清楚地说明了排他性和竞争性的社会建构过程。严格地说，竞争性是产品自身的物质形态决定的。从理论上讲，无论其存量如何巨大，任何有形资源的总量总是有限的，其竞争性无法进行社会建构。真正能够被社会进行建构的是产品的排他性，即某一产品的社会获益范围。

---

① Katharina Holzinger, *Transnational Common Goods: Strategic Constellations, Collective Action Problems, and Multi-level Provision*, New York: Palgrave Macmillan, 2008, p.15.

② Inge Kaul and Ronald U. Mendoza, “Advancing the Concept of Public Goods,” in Kaul Inge et al., eds., *Providing Global Public Goods: Managing Globalization* Oxford: Oxford University Press, 2003, p.81.

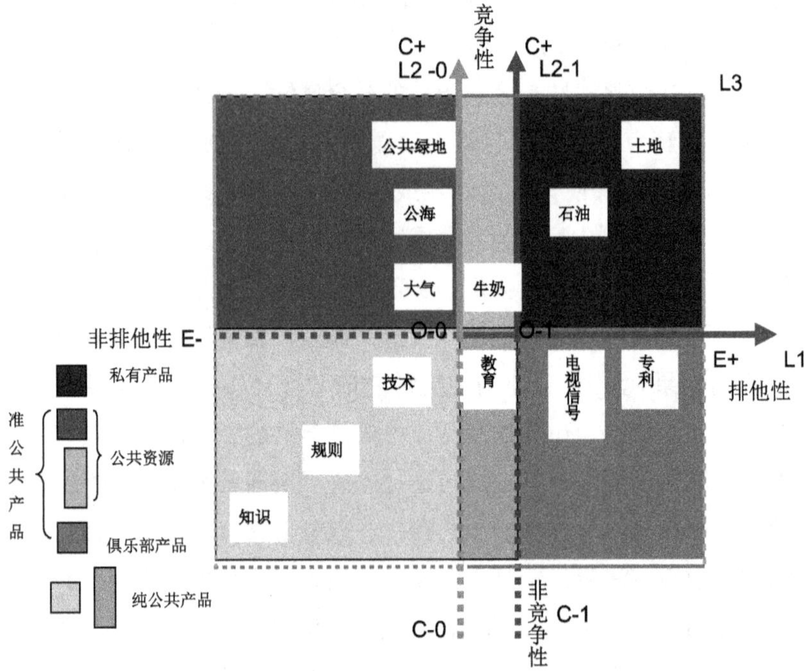

图4　社会建构下的私有产品与公共产品关系图

说明：C代表竞争性（competitiveness）；E代表排他性（exclusiveness）；C-0代表未经过社会建构的竞争性；C-1代表经过建构后的竞争性。

第三，权力政治性是公共产品的政治属性。正如排他性量化要素是（公共）产品社会建构的基础和前提，社会建构性是公共产品权力政治性的基础。社会建构过程本身是全体成员共同参与的过程，但能否建构成功最终取决于权力机构的决定，即社会建构需要充足的社会权力做保障。例如，颁布何种政策使何种私有产品具有何种程度的公共性（例如免费供应学生的是牛奶还是奶酪；是所有学生还是仅限于小学生；是按需供应还是配给制等）；何时颁布该政策；有何种法律和行政措施保证该政策的执行等，这些都是权力政治行为。即使对于已经是纯公共产品或准公共产品的资源，其公利性的发挥也需要社会权力做保障。即，任何形式公共产品的公众性消费都有权力政治参与其中。

在现代主权国家中，政府作为全体国民利益的代表通过官僚体系行使权力。利益的全民性和权力的代理性往往使公共产品的生产和消费发生脱节，即公共产品的消费是公共的，而生产却不是公共的。官僚体系本身的利益及其所代表的有关利益集团间的博弈使官僚体系不能真正代表全体国民的利益。英格·卡尔书中就通过六个“三角模式”具体分析了此种矛盾。她指出公共产品的公共性除了体现在消费层面上，还应该体现在决策和利益分配层面，决策和利益分配是消费公共性的基础。只有在这两个环节也实现了公共性，公共产品的公利性才有保证。①

本书中的国际公共产品是指能够被社会建构的非物质性的人类劳动成果。具体指，在不损害任何一方利益的前提下，能够同时为多个国家和跨国群体提供利益满足的、具有非排他性和非竞争性的人类劳动产品。由公共产品有社会建构性可知，具有竞争性的有形资源是不能被社会建构的，因而没有权力政治意义。因此，本书从国际政治角度讨论的国际公共产品只包括纯公共产品和俱乐部产品（排除了以有形资源存在的国际公共资源这个部分），具体而言就是以软资源形式存在的各种国际公共资源，依其组织形式从低到高可以表现为国际规则、国际制度、国际机制、国际组织等。

国际公共产品的生产和消费必须有国际性权力做保障。由于国际社会的无政府性，国际层面权力的来源只能是主权国家的权力让渡。国家让渡主权的前提一定是对某种国家利益的预期，如果不能满足其利益诉求该国不会主动让渡权力，即主权让渡应该是国家实现自身利益的理性选择，是自下而上的来自个体国家的集体合作行为，而不是国内政治中自上而下的权力管辖行为。这种以“主权自愿让渡”为基础形成的国际公共权力有三个特点。第一，该权力集合体对成员只具有有限的管辖权。由于不存在超越国家权力范围的世界性政府，权力在国际层面没有天然的来源，只能依靠主权国家的自愿让渡，有限的

① Inge Kaul and Ronald U. Mendoza, “Advancing the Concept of Public Goods,” in Kaul Inge et al. eds., *Providing Global Public Goods: Managing Globalization*, p. 102.

让渡意味着有限的管辖权。第二，该权力集合体具有一定的独立自主权。由多国主权让渡形成的国际权力集合体其权力不专门属于任何一国，其权力的组织和管理必须有独立与个体国家的，能够代表多国公共利益的国际机构进行负责，即这种集合性权力独立于任何主权国家的权力管辖范畴。第三，该权力集合体是一种相对的弱势权力。虽然国家为了自身利益向国际社会让渡了一部分主权，但此种权力的让渡建立在国家自愿基础上。国家作为国际社会实体权力的唯一拥有者，其权力在根本上不受国家外部因素制约，即任何国家都可能在自身认为必要的时候收回让渡的国家主权，不受国际公共性权力的约束。

第三节　国际公共产品的软资源属性

国际公共产品是国际层面的公共产品，是国际层面的软资源，除了具有一般软资源的“非物质性”“有用性”“梯次性”之外，还具有特殊的“实体产品性”和“多主体性”。

作为人类劳动成果的一部分，国际公共产品具有典型的产品性。但学界对此却关注不够。“全球公共产品经常被视为一种被共同关注的事物：被看作需要在国际范围内进行讨论和协商的议题。它们很少被看成同样需要‘生产’过程的‘产品’。因此，关于国际公共产品的生产方面几乎没有系统地分析，例如关于前期投入、生产要素、生产过程和成果的责任分配等方面的综述。”① 实体产品性作为国际公共产品的基本属性之一，对其公共利益的实现由至关重要的作用。国际公共产品的实体产品性主要有“主观性”“性价比”“一定的价值竞争性”等几个需要研究的要素。

第一，国际公共产品具有典型的“主观性”。所谓产品是指非天然存在的人类劳动产物，人的主观因素贯穿其整个生产过程。针对某

① Inge Kaul and Katell Le Goulven, “Institutional Options for Producing Global Public Goods,” in Kaul Inge et al., eds., *Providing Global Public Goods: Managing Globalization*, p. 371.

个特定需求，生产何种产品、如何设计、如何使用等都是人主观观念和判断的产物。以生产减少二氧化碳排放这一国际公共产品为例，何时何地召集何种国际会议，邀请哪些国家参加，设计何种国际公约，如何规定各方的责任和义务，如何监督各方责任的履行等等都是人主观意识活动的产物。主观性是国际公共产品的政治性和社会建构性的基础，在很大程度上塑造了国际公共产品的生产和消费过程。

第二，国际公共产品的生产是各国权衡其成本与产出“性价比”的结果。任何产品的生产都意味着前期投入，即任何“投资方”都要考虑期所投资的产品的收益比。在国际无政府状态中通过国家合作产生的国际公共产品的生产更是如此，因为“获益比的大小会影响潜在投资者对公共产品生产投资的意愿”[①]。如果一个国家对某项公共产品的获益超出投入，他就会愿意投资，否则就会终止或减少出资。

第三，国际公共产品具有一定的“价值竞争性”。在理论上，公共产品是“非竞争性”的人类劳动成果，这使其可以容纳无限多的消费者而其本身价值不会贬损。但在有限市场中，公共产品的“实体产品性”决定了其与同类产品具有一定的竞争性。例如，我们可以把达尔文关于人类起源的理论作为对人类进化规律的一个公共产品，任何人对该理论的认知和应用都不会导致其理论价值的贬损，即不影响他人信奉并应用该理论。同时，“神创论”也是有关人类起源的一个公共产品，同样具有非竞争性个非排他性。但由于这两个理论内在逻辑的不同，在有限的市场内（即人类总数的有限性），信仰“生物进化论”人数的增多一定意味着信仰“神造论”人数的减少，反之亦然。所以从有限的消费市场的角度讲，两个同类公共产品之间也具有一定的竞争性。这是其公共产品的“实体产品性”决定的。

除了实体产品性之外，“多主体性”也是国际公共产品的另一个重要属性。国际公共产品的多主体性主要表现为多方参与、规则的共识性和体系的开放性。国际公共产品的生产和消费是多个国家合作的结

① Inge Kaul and Katell Le Goulven, “Institutional Options for Producing Global Public Goods,” in Kaul Inge et al., eds., *Providing Global Public Goods: Managing Globalization*, p. 371.

果；规则的制定是多个国家在自愿基础上协商共识的结果；由于“非排他性”的存在，在理论上国际公共产品的生产者和消费者的数量可以无限增多。

小　结

本章是本书的基本概念部分，从资源角度对国家权力进行了细致分析和研究。资源是权力的核心，软资源是软权力的核心。软资源是人类在社会生产和生活中产生的、以非物质形态存在的、能够满足人类某种需要的价值存在，具体表现为认知性共识和评价性共识。软资源具有“有用性”、“梯次性”、“公共产品性”和“社会建构性”。软权力就是用工具性软资源通过达成共识的方式获得目标资源的能力。在国际无政府状态中，国际公共产品是国际层面重要的软资源，是国际层面软权力的重要来源。国家通过参与国际公共产品的提供可以有效获得国际公共产品的软资源。在第1章基本概念的基础上，第2章将对国际公共产品的软权力价值进行系统分析。

第2章 国际公共产品的软权力价值

科技和贸易的发展使国家间联系日益紧密，但这并没有改变国际社会的无政府性质。国际无政府性的客观事实决定了每个国家都必须为自身利益负全部责任，因此国家利益依旧是国家一切行为的出发点，国家参与国际公共产品的提供也是出于实现国家利益的需要。国家参与国际公共产品的供给能够实现何种国家利益？此种国家利益的实现是否只有通过提供国际公共产品才能实现？国际公共产品如何能够使国家实现其利益诉求？要回答这些问题必须首先要了解国际公共产品的特性，即国际公共产品本身具有何种价值，这些价值如何与国际公共产品供给方的权力和利益发生关系。国际公共产品价值的客观存在是国家参与其提供和消费的前提和基础。综合而言，国际公共产品具有功效价值、合法性价值、制度性价值和增值价值等四项软资源价值。

第一节　功效性权力价值

作为非天然存在的人类劳动产品，对某项需求提供满足是任何一项人造产品产生和存在的前提，是该产品的根本价值所在。国际公共产品也不例外。

一、功能价值

满足人类某种需求的功能性价值是国际公共产品的根本价值，是其权力价值的根本来源。全球化和国际合作加深了国家间的联系和依赖，但并没有就此根本改变国际无政府状态，因此国际公共产品的公共性不是自上而下地来自某个世界权力机构，而是自下而上地来自个体国家的公共利益诉求，即“不同主体参加并进行谈判是因为他们希望这样的（合作）比自己单方面的行动对自己有更大的利益回报”[①]。由此可见，满足国家利益诉求是国际公共产品产生和存续的首要前提。基欧汉和奈都认为，“国家建立国际机制是为了实现国际合作，而国际合作的最终目的是实现各国自己的目的。国际机制的这个功能可以有效解释为什么会有成百上千的政府间组织和机制对小到海豹皮大到世界贸易进行管理。”[②] 劳艾德·格鲁伯（Lloyd Gruber）指出：“如果不是各方有利可图，国家领导人绝不会加入多边协定，更没有人有兴趣去创建这样的机制。”[③]

首先，对某种需求提供满足的功能性是国际公共产品存在的基础。公共产品从其产生伊始就是社会需求的产物。现代意义的公共产品的雏形是13、14世纪欧洲教会和慈善机构设立的公益性医院。医院的建立并非出自纯粹的宗教同情心，而是为了避免疾病传播对统治阶级可能造成的危害。特别是1348年欧洲爆发黑死病后，统治阶层加速了对社会卫生、防疫等公共产品供给的投入。为了满足资本主义发展对大量技术工人的需要，亚当·斯密（Adam Smith）曾强烈要求政府提供道路、饮水、卫生、住房等公共设施及教育和培训等公共产品为

---

① Cecilia Albin, “Getting to Fairness: Negotiations Over Global Public Goods,” in Inge Kaul et al, eds., *Providing Global Public Goods: Managing Globalization*, Oxford: Oxford University Press, 2003, p. 265.

② Robert Keohane O. and Joseph Nye S. Jr, “Introduction” in Joseph Nye Jr. S. & John Donahue D., eds., *Governance in a Globalizing World*, Washington, D.C.: Brookings Institution Press, 2000, (introduction), p. 20.

③ Lloyd Gruber, *Ruling the World: Power Politics and the Rise of Supranational Institutions*, Princeton: Princeton University Press, 2000, p. 27.

现代企业提供合格的劳动力。无产阶级的成长使资本主义社会的矛盾进一步加剧，以德国首相奥托·冯·俾斯麦（Otto von Bismarck）为代表的社会精英们创建了资本主义社会福利制度，以缓解社会矛盾维护其统治秩序。可以说，从个体公共产品在民间出现到公共产品体系在国家确立，整个过程都不是靠道义和集体公利驱动，而是社会权力阶层维护自身统治的手段。[①] 英格·卡尔明确提出公共产品是典型的政治利益和权力的产物，即“公共产品的实际供给远不是萨缪尔森论理论描述中纯粹中性的技术概念——通过汇总集体喜好建立社会福利机制以达到最优解决方案——公共产品的实际供给是各政党利益博弈的政治进程。”[②] 其次，需求满足的功能性是国际公共产品发展的动力。现代主权国家体系建立后，国家职能更加明确和具体。国家作为全体国民的集合体，国民的公共需求就是国家的需求，满足国民需求是国家的基本职责和政府合法性的根本来源。马斯洛从社会心理学角度提出的个人在社会中的层次需求理论对处在国际社会中的国家同样适用，国家也有“生存、安全、归属感、声望、领袖地位（自我实现）”等逐层递进的需求结构。[③] 全球化进程使国家利益外溢到国际层面成为一个互相依存的网络，这使得必须国家必须进行国际合作才能保障本国利益得以充分实现，即国家的公共性需求是国际公共产品产生的根本原因。截至20世纪90年代，全世界国家间政府组织已经有250多个，在安全、经济、金融、卫生等各领域为各国提供着需求和利益满足。[④] 例如在安全领域有为国际社会成员提供和平和安全保障的联合国；在经济领域有为国际社会成员提供自由贸易制度的世界贸易组织；在金融领域有为国际社会提供资金流通的世界银行和国际货币基金组织；在卫生领域有为国际社会成员提供专业指导和技术支持的国际红十字会、世界卫生组织等。这些组织从建立之初的国家间合

---

① Meghnad Desai, “Public Goods: A Historical Perspective,” *Providing Global Public Goods: Managing Globalization* eds., Inge Kaul et al, Oxford: Oxford University Press, 2003, p. 67.

② Ibid.

③ Abraham Harold Maslow, *Motivation and Personality*, New York: HarperCollins Publishers, 1954.

④ Cary Coglianese, “The Design of Institutions” in Joseph Nye Jr. S. & John Donahue D. eds, *Governance in a Globalizing World*, Washington, D.C.: Brookings Institution Press, 2000, p. 307.

作机制到发展为国际性、甚至全球性的国际组织是其内在功效性逐渐增强的体现。

第三，需求满足的功能性是国际公共产品在国际社会得以存续的保障。与国内公共产品一样，国际公共产品也是国际公共利益诉求的结果。以关贸总协定为例，关贸总协定建立的前提是施行自由贸易制度的国家对更大范围的市场的需求。尽管关贸总协定最初产生于欧美国家，但其对贸易和经济发展的功效价值被越来越多的国家所认可和接受，导致其成员国数量逐步增加，这就是关贸总协定作为公共产品功效性的证明。“世界上没有哪个国际机制或组织通过强制手段迫使他国加入其中”①，国家加入某个组织或机制都是因为该组织或机制能够使国家实现某种预期利益和目的。但同一国际组织提供的利益满足程度对各个国家是不同的。对关贸总协定和世界贸易组织而言，欧美等具有强大实力的国家可以通过对关贸总协定规则体系的设计来获得该国际公共产品中的优势制度性权力；而大多数发展中国家是被动加入既定的规则体系，只能获得该国际公共产品中有限的功能性权力而无法享有制度性话语权力和机制设计权力。在有限的市场空间里，新国际公共产品的出现和成长意味着对国际现状的改变。在很多情况下，加入某个国际公共产品的提供在相对和绝对收益方面并不是国家的最优选择，但很多国家还是选择加入其中。国家在这种情况下选择加入的原因并不是出于对该产品直接功能的需求，而是为了获得其政治价值，即避免被排斥在新的国际体系之外成为“局外人”。很多弱势国家加入国际公共产品的提供是以短期损失换取长期收益的政治举措。②例如英国最终同意加入1986年的《单一欧洲法案》（*Single European Act*）就是出于此种考虑。如果当时英国不加入这个协定，撒切尔政府领导下的英国与加入《单一欧洲法案》的欧洲各国相比不但在很多方面有重大损失，而且没有与他们进行协商沟通的公共机制，会被欧洲

① Cary Coglianese, “The Design of Institutions” in Joseph Nye Jr. S. & John Donahue D. eds, *Governance in a Globalizing World*, Washington, D.C.: Brookings Institution Press, 2000, p. 28.

② Robert Powell, “Absolute and Relative Gains in International Relations Theory,” *American Political Science Review*, Vol. 85, No. 4, 1991, pp. 1303-1320.

各国集体拒之门外。①

综上所述，国际公共产品的根本价值在于其满足了国家的某种需求。国际社会中的强国和弱国都可以从参与国际公共产品的供给中不同程度地实现国家利益。

二、效率价值

国际公共产品产生的根本原因是国家需求的外溢和重叠，这导致多边合作比单边行动能够更好地保障国家利益的实现，这就是国际公共产品效率价值的基础。国际公共产品的效率价值来自于国际公共产品本身的标准化、机制化和合法性三个特性。②

第一，标准化是国际公共产品效率价值的基础。全球化把在地理意义上彼此分离的国家紧密连接在一起，形成了在安全、经济、文化等领域互相依存的共生状态。国家对外交往的对象不再是某一个或几个国家，而是某个区域甚至整个世界。从“规模经济效应”角度考虑，与不同国家订立统一的多边协定比与单个国家分别订立多个双边协定花费的时间和精力都要少很多；而且由于存在多方监管，多边协定的执行力和法律约束性也比双边协定要高。从这个意义上讲，多边的标准化要素使国际公共产品具有更高的效率价值。在汽车生产领域，在没有统一的国际行业标准前，每个国家都制定了本国的汽车生产标准和行业规范。随着国家和地区间汽车贸易的发展，不同国家制定的行业标准和规范之间就会产生矛盾甚至冲突。因此，为了满足不同国家市场（N_1，N_2……N_n）的标准要求，A 国生产的汽车必须在进行生产时制定 n 套标准方案，如果某一汽车贸易对象国的标准有变动，则 A 国的生产标准也必须随之改动。这种多标准性和不确定性给规模经

① Moravcsik Andrew, *The Choice for Europe: Social Purpose and State Power from Messina to Maastricht*, Ithaca: Cornell University Press, 1998, p. 376.

② 也有学者从分层经济理论、组织理论和公司结构理论等角度论证了国际公共产品的效率性。详见 Helen Milner “The Assumption of Anarchy in International Relations Theory,” *Review of International Studies* No. 17, 1991, pp.67-85.

济带来很大的成本和效益损耗。欧洲和美国的汽车制造商就曾抱怨说，他们在汽车造型和工程设计方面10%的资金成本都花费在适应不同的国家标准上。[①] 如果在国际上制定一套统一的行业标准作为国际公共标准，各汽车生产国的生产成本、交易成本和经营风险都会大大降低，效率和效益则会有很大提升。ISO国际标准化组织就是为了实现此种需求满足而产生的国际公共产品。再以关税评估标准为例，东京谈判前关贸总协定各缔约方有不同的关税评估标准，这种评估标准的不统一给各国关于关税减让的谈判造成了很大困难，仅美国一国就有九种评估关税的方法。因此，东京谈判一个主要目的就是统一各国关税评估体系，避免由于评估标准混乱而导致的交易成本的增加和矛盾的产生。东京谈判最大的成就之一就是制定了《关于实施1994年关税与贸易总协定第7条的协定》即《海关估价协议》(*Agreement on Implementation of Article VII*, or the *valuation code*)。该协定规定了关税评估的基本概念和体系，并规定了在何种情况应具体采用何种评估方法。此项协定极大降低了成员间的贸易交易成本并有效减少了贸易摩擦的发生。[②]

第二，机制化是国际公共产品效率价值的保障。国际公共产品的公共性决定了无论其供给还是消费都是多个主体共同参与的行为。在国际无政府状态下，主权国家间的顺利合作必须在自愿和公平的规则体系内进行，即国际公共产品的生产必须有组织和制度保障。在国际合作中，国家就某个国际公共产品的生产达成共识后，通常会签订具有法律效力的国际条约，并成立特定机构来保障机制的顺利施行与各方利益的实现。稳定和权威的机构和机制是国际公共产品实现其功能价值的组织性基础和前提。否则，任何影响预期收益的不稳定因素都会使合作方产生疑虑从而导致其退出合作，所以丹尼·罗德瑞克(Dani Rodric)说："必须保证某种特定的情况就会产生相应的特定

① Brown et al., "NGOs and Multisectoral Relations," in Nye et al., eds.*Governance in a Globalizing World*, p. 275.

② John Howard Jackson, *The World Trading System: Law and Policy of Interntional Economic Relations*, Cambridge: the MIT Press, 1997, p. 153.

结果，只有看到某因就导致某果的因果模式不断重复，各方（可以预期自己行为的后果）才可能把合作一直进行下去。”① 如果有某一方违约，相应的惩戒机制和对等报复规则可以保证被违约方的利益得到有效补偿，而且对有违约想法的其他成员会形成一定的威慑作用，从而保证公共产品功能性的实现。再者，机制的建立还会降低合作的机会成本。现代主权国家进行彼此合作的一个难题是信息的不对等。在国际公共产品的提供中，由于有共同的机制保证，对信息的质和量的占有不再完全取决于实力政治的较量，而是取决于机制的公正性和权威性。在公共权威机制保证下，国际公共产品供给方对所有信息进行共享，这就大大降低了各方由于信息不均衡而导致的彼此怀疑并防范的囚徒困境风险，从而提高了合作效率。格鲁伯曾这样评价欧洲货币体系的形成：“即使合作各方都知道彼此合作会互赢互利，良好机制化结构的存在也是合作能最终成功的先决条件。按照此种逻辑，我们可以认为欧洲货币体系（EMS）的机制是有效率的。它的效率性就在于它本身的存在——或者更重要的——其具体运行模式的存在，正是这种机制的存在才使各签约国得以共享金融合作的成果。”② 争端解决机制也是WTO多边贸易体系运行的有效保障。截至2016年4月22日，WTO已受理案件507起③，其中大量争端在双边磋商阶段得到解决，大多数裁决经过合理期限后得到了相关成员国的有效执行。迄今为止，尚未出现某一成员公然表示拒不执行WTO裁决的情况。第三，合法性是国际公共产品效率价值的重要来源。国际公共产品是一种开放性的功能性国际合作体系，合法性是其在国际社会中存在和发展的基础。暴力不可能产生国际合作，因为其缺乏最基本的合法性。失去合法性的国际合作不可能成为真正意义的公共产品。由于国际社会的无政府性本质，国际层面的合法性是国际社会的稀缺资源。各主权国家通过自愿达成共识，这个共识体系就是国际层面合法性的主要来源，

① Dani Rodric, “Economic Globalization,” in Nye et al, eds., *Governance in a Globalizing World*, p. 357.

② Lloyd Gruber, p. 215.

③ 韩立余：《入世对中国法治的影响》，《中国青年政治学院学报》，2011年第5期，第117页。

是国际公共产品效力和效率价值的根本保证。联合国安理会的维和行动之所以能得到各国的广泛支持，其首要条件就是各国对联合国本身及其维和行动合法性的认可。如果没有合法性做基础，即使是多个国家的集体行为也会被认为是邪恶的和非正义的，会受到国际社会的谴责和反对。

第二节　合法性权力价值

合法性是政治学的重要概念之一，有很多学者对其做了大量研究和论述。对合法性的讨论多数集中在国内权力政治层面，在国际层面对合法性的研究始于第二次世界大战以后。关于合法性有各种理论分析，例如沃尔夫勒姆（Rüdiger Wolfrum）从来源、程序和结果对合法性产生过程进行的分析[①]，格鲁伯从国家主权让渡角度对合法性来源进行的分析[②]。两次世界大战给人类带来了毁灭性的打击，对和平和经济发展的渴求成为各国追求的共同目标。自由贸易加强了国家间联系，国际公共产品作为国家在相互依赖中实现自身利益的合作产物，其合法性价值是其在无政府国际社会中存在的前提和基础。由于国际社会的无政府性，主权国家合作只能由个体国家自下而上通过建立某种共同机制来实现。在没有国际性政府管辖的情况下，合作机制的合法性是国家参与合作的关键要素之一。以全球环境治理为例，尽管减少空气污染是大多数国家的公共利益诉求，但全球大气治理的公共产品并不能因此而顺利产生，因为各个国家关心的不仅仅是绝对利益，还有相对利益的实现——即国家间权力、责任和利益的分配是否公平合理。

本书认为，以产品性和公共性为基础的公共工具价值、公共意志和公共权威是国际公共产品合法性价值的构成要素。

第一，能够提供需求满足的工具性价值是国际公共产品合法性的

① Rüdiger Wolfrum and Röben Volker, eds., *Legitimacy in International Law*, New York: Springer, 2008, p.6.

② Lloyd Gruber, p. 6.

基础。

首先，国际公共产品的“有用价值”是其合法性的基础。任何国际组织或机制的存在都是因为他们在一定程度上能够满足国家的特定需求。基欧汉曾说：“各种世界治理机制之所以存在，就是因为它们具有工具性价值。即使不能说工具性价值是其存在合理性的全部来源，至少也是其最主要来源：我们认为它们有价值不是因为它们本身有价值而是因为它们能够带来价值。”① 沃尔夫勒姆也认为：“如果一个机构，例如联合国安理会或国际法庭，尽管是按照可行性原则建立起来的并按照既定程序进行决策，但如果它不能产生该机构服务群体的预期结果并长此以往，该机构的合法性就会贬损。”② 国际公共产品的合法性还取决于其效率性。以最小的投入获得最大的利益回报是任何个人和国家的理性行为原则。“如果另外一个同类机制可以给成员国提供更高的效益回报、符合最基本的道义准则，并使原有机制的成员国在无须花费更多转会成本的情况下能够加入其中，则原有的国际机制的合法性就会受到挑战。”③ 所以国际公共产品本身的产品性，即功能性和效率性是国际公共产品合法性的根本来源。

第二，国家公共意志是国际公共产品合法性的道义基础。

1. 自主自愿是国际公共产品合法性形成的前提。

“民主是国家政体的最佳原则，这一点现在已被广为接受。同理，国际机制的合法性应该而且只能建立在民主原则基础上。”④ 民主的基本要素是自愿和共识。国际社会的无政府性使得任何形式的国际合作都是各主权国家自主自愿的选择与行为。同时，国际公共产品的“非排他性”使得任何参与国际公共产品供给的国家的利益实现都不会因为新成员的加入而受到影响。所以国际社会的无政府性和国际公共产

① Buchanan & Keohane, “The Legitimacy of Global Governance Institutions,” in Rüdiger Wolfrum and Röben Volker, eds., *Legitimacy in International Law,* p. 46.

② Wolfrum, “Legitimacy of International Law from a Legal Perspective,” in Rüdiger Wolfrum and Röben Volker, eds., *Legitimacy in International Law,* p. 6.

③ Ibid. p. 47.

④ Buchanan & Keohane, “The Legitimacy of Global Governance Institutions,” in Rüdiger Wolfrum and Röben Volker, eds., *Legitimacy in International Law,* p. 38.

品的非排他性保证了参与国际公共产品提供的国家意志的自主和自愿。这种在自主和自愿基础上形成的国际公共意志是国际公共产品合法性的重要来源。

2. 集体共识是国际公共产品合法性的组织基础。

国际公共产品的公共性主要体现为参与方的多主体性、市场的开放性和规则的共识性。尽管全球化使国家有了更多的共同利益，但由于主权国家对权力和利益的独立负责制，每个国家都希望在合作中承担较小的义务同时获得较大的收益。因此，尽管国家存在共同利益，但往往会由于在责任和利益分配方面难以达成一致而无法形成合作。“在国际范围内，没有一个政治团体可以就针对何种问题或事项应该采取何种集体决策并建立国际长效磋商机制的方面能够取得广泛共识；也没有在该建立何种规范性框架讨论彼此共同关注的国际共同利益方面达成共识。实际上，甚至在是否应该建立某种形式的‘世界政府’或‘世界民主政体’等方面都没有达成基本的共识。”① 由此可见，国际共识是国际社会的稀缺软资源，具有较高权威性的机制化和法律化共识是更加稀缺的软资源。国际法学界的传统观点一直认为国家共识是国际机制合法性的来源。② “一个权威机构可以凭借其权力来源的合法性获得自身的合法性。国际公法的合法性就在于它获得了国家的共同认可——至少传统观点这样认为。”③ 关于此种国际共识是应该建立在所有国家共同认同的基础上，还是建立在民主国家共同认同的基础上有很多争论。但由于有了基本的民主要素，在一定范围内和多个参与方的“共识”具有宝贵的合法价值。

3. 基本的普世道义是国际公共产品的价值观内核，是其合法性的理性来源。

美国总统富兰克林·罗斯福（Franklin D.Roosevelt）曾说：“在一

---

① Buchanan & Keohane, “The Legitimacy of Global Governance Institutions,” in Rüdiger Wolfrum and Röben Volker, eds., *Legitimacy in International Law*, p. 33.

② 详见 Allen Buchanan, *Justice, Legitimacy and Self-Determination: Moral Foundations for International Law*, Oxford: Oxford University Press, 2003.

③ Wolfrum, “Legitimacy of International Law from a Legal Perspective,” in Rüdiger Wolfrum and Röben Volker, eds., *Legitimacy in International Law*, p. 6

个民主的世界中，就如同在一个民主国家里，权力与责任是一体的，只有为大众造福才有权力存在的合法性。”[①] 基欧汉也说：“一个机制只有在其代理人在道德上被认为有资格履行他的职能时，这个机制才有权力进行管理。……如果这样认为的话，我们至少可以说：国际治理机制和广义的各种机制具备合法性的要件是不能有违反公认的最基本人权的行为。”[②] 沃尔夫勒姆也提出，国际机制中某种规则和程序的制定必须建立在“公平”这一基本道义基础上，否则不可能达成国家间的共识。[③] 由此可见，基本的道义是任何多边性国际合作产生的前提和基础，是国际公共产品道义合法性的根基。

4. 普遍的社会认同是国际公共产品合法性的事实表现。

合法性可分为规范合法性和社会合法性。前者指合法性的来源和资格，后者指合法性的社会接受程度。[④] 规范合法性在广义上指不以强力为基础制定规则，更不能允许规则制定者通过特定的司法途径“合理”获得强制力并对该强制力的使用进行垄断。判断一个社会事实的存在是否具有合法性，不仅要从功能性、效率性、道义性和公开性等本身的规范性要素进行分析，还要看公众对其是否普遍认可和接受，即是否具有普遍认可的社会事实存在。如果某种存在成为公众普遍认可的社会事实，它就具有了社会合法性。国际公共产品作为国际社会的事实存在，能否获得国际社会的认可是其合法性的重要体现。社会合法性作为社会事实，可以通过社会问卷和调查的方式进行测量。以民众对国际组织和多边机构的信任程度为例，“世界价值观研究”小组（World Values Study）在世界各国对民众进行了问卷调查。问卷要求调查对象对特定的国际组织（例如联合国、欧盟、北美自由贸易区、东

① Barrett Scott, *Why Cooperate: The Incentive to Supply Global Public Goods*, Oxford: Oxford University Press, 2007,（Introduction）, p.11.

② Buchanan & Keohane, “Legitimacy of International Law from a Legal Perspective,” in Rüdiger Wolfrum and Röben Volker, eds., *Legitimacy in International Law*, p. 32.

③ Wolfrum, “Legitimacy of International Law from a Legal Perspective,” in Rüdiger Wolfrum and Röben Volker, eds., *Legitimacy in International Law*, p. 6.

④ Bodansky, “The Concept of Legitimacy in International Law,” in Rüdiger Wolfrum and Röben Volker, eds., *Legitimacy in International Law*, p. 313.

南亚国家联盟等）进行信任评级（非常信任；信任；不太信任；不信任）。调查结果表明：在20世纪90年代中期，57%的国际民众表示信任联合国，44%的国际民众表示信任地区组织（例如欧盟和北美自由贸易区）。其中最引人注目的结果是，民众对国际组织的信任远远超过了其对各自国家政府的信任。受调查的民众中只有34%的人对各自的政府表示了某种程度的信任，这种差别在后工业化国家和原东欧共产主义国家的民众中表现尤为突出。这些国家的调查对象中只有27%的人表示对该国政府有某种程度的信任，而对国际组织表示信任的人数则高达60%。在调查中还发现，年青的一代比他们的父辈对国际机制持更加积极的看法。例如五分之一的婴儿潮（即二战后1946—1964年间出生的人）群体认为自己是世界公民；而在一战和二战之间出生的人只有十分之一的人认为自己是世界公民；一战之前出生的人持此种观点的数量更少。不同年代的人对国际机制、自由市场和开放市场等观念的看法也存在较大差异。[①] 社会调查取得的数据清楚地证明了以国际组织和机制为具体表现形式的国际公共产品社会合法性的事实存在。

5. 程序和信息的公开透明是国际公共产品合法性的程序性来源。

信息共享是国际合作能够顺利进行的前提。国际公共产品的公共性越强，即合作的范围就越广，成员对信息共享的要求也就越高。“非排他性”和“非竞争性”决定了国际公共产品消费的公共性和体系的开放性。国际公共产品本身的开放性要求生产和消费的机制也是开放的。机制的开放有二层含义：信息公开和程序透明。信息不透明或不均衡很容易引发合作者之间的猜忌和误解，从而导致合作失败。因此，信息共享是有效国际合作的基本前提。国际公共产品的边际消费成本和生产成本都为零，即增加一个消费者并不导致其整体价值的贬损，反而可能导致其价值增加。[②] 因此信息的公共公开消费不仅是国际公共产品本身内在属性的表现，而且还可以使所有国际公共产品的参与

① Pippa Noriss, “Cosmopolitan Citizen,” in Joseph Nye Jr. S. & John Donahue D., eds, *Governance in a Globalizing World,* p. 167.

② 详见本章第四小节关于国际公共产品增值价值的论述。

者和非参与者都能对其功能和价值进行客观评价和研究，有利于该国际公共产品质量的提高。

程序的统一和透明是国家进行合作的制度性保障。只有确定程序和规则对每个参与者都是相同的情况下，各参与方才能在遵守规则方面达成一致意见。信息的不透明会产生对信息解读的失误和差异，这种差异和矛盾必将影响合作效果。"国际机制的制订者们清楚地知道得到广泛的认可对于国际机制获得合法性的重要性。就如不允许二手车的买方把车交给独立的机械师进行检测一样，如果制度外的人无法得到他们想要的信息，他们就会因为不信任制度内的人的言论而拒绝进行谈判——即认为此机制没有合法性。"①

第三，普遍的权威性是国际公共产品合法性的保障。

成员对社会规范的有效遵守是衡量该规范体系合法性的重要指标。"如果一个机制有发号指令的资格，那么人们即使对其决定的内容持有不同意见也会服从该机制的决定。"② 国际公共产品作为集体利益和意志的载体，其生产和消费行为都建立在成员共同意志基础上。集体共识是集体服从的前提，获得了集体共识的国际公共产品的各项规则对全体成员有同等权威效力。此种权威性主要体现在对公共规则体系的共同遵守方面。这就是说，即使该国际公共产品在生产或消费的某个具体环节出现公共意志不足，也不影响国际公共产品作为国际权力集合体本身的权威性。加里·考格林尼兹（Cary Coglianese）把国际机制的合法性分为具体合法性（specific legitimacy）和扩散合法性（diffuse legitimacy）两种。具体合法性是指该机制对某个具体事件的处理是否得到了其成员的普遍接受和认同。例如，如果某国认为世界贸易组织的某项具体判例（例如某个反倾销判例）是不合理的，这就是对世界贸易组织具体合法性进行的评价。如果某国虽然认为某项具体判例不合法，但世界贸易组织的整个规则和程序是合法的，他仍旧

① Buchanan & Keohane, "Legitimacy of International Law from a Legal Perspective,"in Rüdiger Wolfrum and Röben Volker, eds., *Legitimacy in International Law,* p. 59.

② Bodansky Daniel, "The Concept of Legitimacy in International Law," in Rüdiger Wolfrum and Röben Volker, eds., *Legitimacy in International Law,* p. 311.

会认为世界贸易组织是合法的国际组织，即该组织具有扩散合法性。具体事件的公正性并不绝对影响该规范体系成员对该机制本身合法性的认可。[①] 在国际无政府状态中，国际公共产品的权威性是其实现功能价值和获得合法性的保障。随着国际社会一体化程度加深，国际公共产品不但在数量上不断增加，其权威性和影响力也不断增强。以关贸总协定和世界贸易组织的争端解决机制为例，在关贸总协定框架下，一项决议的生效必须取得所有缔约国的一致同意，只要有一个国家反对，该裁定就不能生效。这个规定实际上赋予了每个国家同等效力的一票否决权。在这个集体约定下，个体国家的利益得到了绝对的维护和保障，但关贸总协定作为独立的国际机制本身的权力被大大地限制了。在世界贸易组织的框架下采用了“倒协商一致原则”，某项决议的通过不再需要全体协商一致，只需要大多数国家同意即可。这就意味着即使有少数国家反对，只要不是全体成员一致反对，世界贸易组织的提案就可以被通过并得到执行。此种规则的变化限制了国家的权力，同时提高了国际机制的权力，反映了世界贸易组织作为国际公共产品本身权威性的增加。

针对越来越多的国家选择加入国际组织或诉诸国际法来实现本国利益的现象，肯尼斯 · W. 阿伯特（Kenneth. W. Abbott）等人提出了国际关系法律化的概念。国际关系法律化有不同的层次与阶段。最早出现的是权益约束松散的“软法”性国际协约，相关缔约国在“软法”框架内进行合作与利益交换。随着时间推移与权益分配方式的稳定，该松散的国际合作就会演变为超越某一方策略性动机和控制权限的公共规范体系，即具有了“硬法”性质。GATT 到 WTO 的体系演变，特

① Cary Coglianese, “The Design of International Institutions,” in Nye & Donahue, eds., *Governance in a Globalizing World*, p. 312; 关于“具体合法性”和“扩散性合法性”具体还可见 James Gibson, “Understandings of Justice: Institutional Legitimacy, Procedural Justice, and Political Tolerance,” *Law and Society Review*, vol. 23 (August 1989), p. 469; Tom Tyler and Kenneth Rasinski, “Legitimacy, and the Acceptance of Unpopular U.S. Supreme Court Decisions: A Reply to Gibson,” *Law and Society Review*, vol. 25 (August 1991), pp. 621; James Gibson, “Institutional Legitimacy, Procedural Justice, and Compliance with Supreme Court Decisions: A Question of Causality,” *Law and Society Review*, vol. 25 (August 1991), p. 631.

别是其争端解决机制严格化就是一种从硬法到软法的转变。

国际层面的“合法性”一直是国际关系和国际法学界关注和争论的焦点。尽管国际公共产品的产品性和公共性决定了其本身具有一定的合法性价值，但并不等于任何国际公共产品都天然具有不容置疑的合法性。对具体的国际公共产品而言，其合法价值各不相同，有的甚至存在重大缺陷。[①] 本书只是对国际公共产品作为国际合作成果的合法性要素进行了研究，没有对所有的合法性要素展开具体分析。

第三节　制度性权力价值

国际社会的无政府性使国际层面的权力来源只能是主权国家的权力让渡。国际公共产品作为公共利益和意志的载体，其权力来自主权国家。为了保障国际公共利益的实现，以集体主权有限让渡为基础形成的国际公共权力必须在规则和制度等稳定的权力结构中发挥效力，因此制度和规则是国际公共产品公共权力的基本存在形式，对所有成员国都具有同等的法律效力。“大量的超国家决策机构对成员国行为的限制是每个国家政府政治选择的结果。每一次政府官员们做出遵守某个国际组织规则的决定，他们都清醒地知道这样做意味着本国政府对国内政策制定权的主动让渡。”[②] “近年来，国际机制所达到的（权力）高度使这种超国家的权力机构能够对很多原来只能由国家决定的事物行使决策权。”[③] 可见，以国家自愿让渡主权为基础形成的国际公共产品的制度规则体系是具有国际法效力的软权力资源。谁主导了国际公共产品规则的制定，谁就获得了国际层面的软权力，就会使本国利益获得国际法的保护。二战后，美国充分利用自身优势获取了大量的国

① 在美国霸权下建立的世界银行、国际货币基金组织和关贸总协定（世界贸易组织）等都是经济领域的国际公共产品，虽然在一定程度上实现了国际公利但每个产品都有其不公平和不合理之处。国际货币基金组织已经在特殊提款权的配额分配方面进行了改革。

② Lloyd Gruber, p. 63.

③ Lloyd Gruber, p. 62.

际软资源，使本国利益在国际范围内得以稳定而持续地实现。美国主导下的北大西洋公约组织、关贸总协定、世界银行、国际货币基金组织等一系列国际公共产品就是美国为实现本国利益而创造和占有的国际软资源。国际公共产品中的制度性权力主要表现在规则的制定和程序机构的设置。

一、规则的权力价值

规则决定了权利和责任的分配，权力性是其根本属性。国际公共产品中的规则是国家集体共识的结果，是国际合作顺利进行的基础和保障。经过数十年发展，重大国际组织（如联合国、国际货币基金组织等）在全球事务中发挥着愈发重要的作用，国际社会正朝着规则导向的更加有序的方向发展。首任 WTO 总干事雷纳托·鲁杰罗（Renato Ruggiero）就宣称“以规则为基础”(rule-based) 的特性是多边贸易体制的根本力量，作为 WTO 司法形式的争端解决机制被视为规则导向的典范。[①]

国际公共产品中的权力价值具体体现在决定成员利益分配、规范成员行为、解释修改规则三个方面。

1. 决定利益分配

国家参与国际公共产品的供给是为了实现各自的预期利益。尽管国际公共产品的“非竞争性”和“非排他性”使所有参与方都可获利，但获利程度不是绝对平均的。不同的规则会产生不同的利益分配模式，掌握规则制定权的国家往往会获取更多的利益。国际货币基金组织关于投票权和决策方式的规则清楚地表明了规则的权力性。国际货币基金组织成员国的投票权由两部分组成：基于平等原则的250个基本票和基于特别提款权的比例票，即在每个国家的配额中每拥有1万个特别提款权就会拥有1票。在基本票相同的情况下各国投票能力的强弱

① WTO, *Trading into the Future*, Geneva: WTO, 2001, p. 58. 转引自屠新泉：《WTO争端解决机制：规则与权力并重》，《世界经济与政治》，2005年第4期，第66—71页。

实际上取决于各国特别提款权配额的多少。根据公平和效率原则，国家的特别提款权配额应该建立在“黄金和美元的持有量、国家的财政收入和外贸量”等客观经济指标基础上，但由于国际公共产品本身的政治权力性，决定规则不是绝对的公平，而是国家实力。布雷顿森林会议的结果就是美国及其盟友获得了特定多数的配额。① 巴西、墨西哥和韩国等虽然在国民生产总值和人口等方面都大大超过比利时、荷兰和瑞士，但在美国主导的规则体系下前者配额总量只是后者总量的极少一部分。即使中国自2011年已经成为世界第二大经济体，其在国际货币基金组织中的配额还是不及荷兰。② 尽管明显有失公平和效率，但由于这是获得了其成员国认同的规则，此种配额分配方式一直持续了50多年。这就是国际规则的权力效力。

在决策方式上，国际货币基金组织制定了“特定多数票”（qualified majority）原则，即某些决议的通过必须得到全体成员二分之一以上的赞同票。在布雷顿森林会议上，只有两种情况的决议要求达到“特定多数票”。在第二修正案通过后，需要“特定多数票”才能通过的决议数量增加到了53种。此种规则的变化表面看似乎强调了更多的重大事件需要大多数成员的集体共识，实际上是加强了以美国为首的多数票持有国在国际货币基金组织中的权力。据2001年统计，美国占有17.16% 的总票数；日本占有6.16%；德国6.02%；法国和英国各占4.97%。这几个国家合计就达到了总票数的39%，如果再加上比利时、加拿大、荷兰、芬兰、意大利、瑞士，则西方集团国家的票数就超过了总票数的60%。这意味着少数几个西方国家的小集团意志就可以决定整个国际货币基金组织所有成员国的行为。另外，此种规则还意味着美国凭一国之力（17.16%）就可以否决18个需要85% 特定多数票的议案。对于其他21个需要70% 多数票的议案，美国也可以通过联合

① 美国获得10 billion中的2.9 billion，英国是美国配额的一半，苏联比英国要少些，中国则更少。关于具体配额制定的过程可见Ariel Buira, “The Governance of the International Monetary Fund,” in Inge Kaul et al., eds., *Providing Global Public Goods: Managing Globalization*, p. 227.

② 美国国会参众两院在2015年12月18日批准了国际货币基金组织2010年份额和治理改革方案，意味着长期阻碍国际货币基金组织该项改革的最后障碍被移除，中国在国际货币基金组织中的投票权从3.8%上升到6%。

另外四个多数票国家（日本6.16%，德国6.02%，法国和英国各4.97%）进行联合否决。[①] 由此可见，在美国霸权主导下的国际货币基金组织的规则明显赋予了发达资本主义国家更多的权力。但由于这种权力已成为国际货币基金组织的公共规则，得到了成员国的认同和接受。对于这样的规则而言，虽然其合理性受到很多成员的质疑和不满，但其法律效力却并未因此而有任何减损。

2. 规范成员行为

规范和指导成员行为是国际公共产品规则的重要权力职能。国际公共产品是国际合作的成果，合作的前提是各方对公共规则的认同和遵守。规则对权力和责任的明确规定不仅使成员行为有章可循，其奖惩机制还可以使成员对己方和他方的行为后果做出清楚的预期和判断，由此保证合作在可以预知和可以控制的境况中进行。“有法律效力的规范降低了交易成本。可以想象，如果没有具有约束力的规则存在，在国际贸易领域和专利权领域中会发生多少无休止的纷争。”[②] 因为“在很多情况下，国际规则是处理在根源和效果上由发散的外部性因素导致的一系列问题的唯一手段。由于要处理多方的共同问题，所有国家都会遵守国际规则以避免囚徒困境的出现。”[③] 规范性压力是一种促使国际组织成员遵守协定的力量。这种压力来自于国际社会对被申诉成员违约行为的批评和谴责。通常情况下，成员国家都很重视这种来自国际权威机构的舆论影响，这也是国家作为国际社会个体存在的一个重要标志。

规则的权力价值不仅能够降级交易成本、避免囚徒困境等结构性消极因素的出现，更重要的功能在于其能够保证基本道义的实现。基本道义是国际公共产品合法性的核心要素，在任何国际公共产品的规则中都有明确体现。例如关贸总协定的全体协商一致原则规定，任何

① Ariel Buira, “The Governance of the International Monetary Fund,” in Inge Kaul et al., eds., *Providing Global Public Goods: Managing Globalization*, p. 230.

② Inge Kaul and Katell Le Goulven, “Financing Global Public Goods: A New Frontier of Public Finance,” in Inge Kaul et al., eds., *Providing Global Public Goods: Managing Globalization*, p. 351.

③ Ibid. p. 350.

议案的通过必须取得全体成员国家的认同，每个国家都有平等的否决权。此项规定从制度上保障了“平等”基本道义的实现。乌拉圭回合谈判中，美国首席谈判代表曾说此种全体一致原则“在决策权上保障了包括弱国和强国在内的所有国家的平等”。[①] 在西雅图回合谈判中，美国代表团的主席曾试图通过少数代表组成的“绿屋会议”来使特定议案得以通过。但由于该行为违反了全体协商一致原则，“绿屋会议”的结果不具有任何法律效力。

规则的权力价值还表现在对违约行为的惩戒功能上。格鲁伯曾说：“要想使规则有效，强制性惩戒威胁的存在必不可少。”[②] 很多学者把国际规则的惩戒功能和国内立法的惩戒功能进行了类比。[③] “为什么人会遵从他人的指令？例如对 WTO 判决的服从？……一种解释就是当事人认为其判决是合理的……而另外一种解释则是个人或国家遵从某项指令的原因不是认为该指令是正确的，而是因为害怕不遵从该项指令而因此必须承担的后果。”[④] 在一般的国内法判例中，由于法官代表国家公共权力，即使败诉一方心里对法官的判决结果不服，他在行为上也要服从判决并履行该判决所规定的法律责任。因为他知道，不遵从公共权力的裁定就必须承担该公共权力对他所实施的惩戒后果。法律的此种威慑作用在国际层面同样存在。例如，在20世纪80年代，日本终于接受了国际捕鲸委员会《关于暂停商业捕鲸行为的约定》(*International Whaling Commission's Moratorium on Commercial Whaling*)。这并不是因为日本认为该约定是合理的，而是因为如果不

① Albin Cecilia, “Getting to Fairness: Negotiations Over Global Public Goods,” in in Inge Kaul et al., eds., *Providing Global Public Goods: Managing Globalization*, p. 271.

② Lloyd Gruber, p. 37.

③ 具体可见David Epstein and Sharyn O'Halloran, *Delegating Powers: A Transaction Cost Politics Approach to Policymaking under Separate Powers*, Cambridge University Press, 1999; Matthew McCubbins, Roger Noll, and Barry Weingast, “Administrative Procedures as Instruments of Political Control,” *Journal of Law, Economics, and Organization*, Vol. 3 (Fall 1987), p. 243。

④ Daniel Bodansky, “The Concept of Legitimacy in International Law,” in Rüdiger Wolfrum and Röben Volker, eds., *Legitimacy in International Law*, p. 310.

接受该约定，日本就会受到相应的国际制裁。[①] 由此可见，国际规则的惩戒效力是国际公共产品的重要权力价值之一，是国际合作和国际公共产品能够顺利运行的有力保障。

二、程序和机构的权力价值

首先，程序是机制化的次序规则。任何多方参与的共识性协定的达成都要经过一定的程序，不同的议事程序直接影响议题的选择和协商结果，从而影响国家的利益分配。“讨论什么、先讨论什么、议题如何衔接等程序安排会极大影响协商过程和最终的结果。”[②] 每个国家都希望能够根据按照本国意志对程序进行设定，使自己最关切的议题被优先讨论和重点关注。因此，程序不是客观的次序存在利益和权力主导下的主观塑造。国际公共产品中一系列的程序性结果都是体系内成员间权力博弈的产物。

其次，机构是权力的组织形式。多方参与的国际公共产品的良性运作必须有机构和组织做保障。联合国的安理会、世界贸易组织的仲裁委员会和欧盟的各个委员会等，这些机构本来是管理国际公共产品运行的副产品，但由于其代表着国际公共利益和权力，特别是其可以代表国际公权对国际公共产品体系内的制度和规则进行解释和实施，其具体工作人员和管理体系本身也获得了独立的权力——以国际公共权力为对象的独立的管理权。以国际货币基金组织为例，从权力效力角度可以把国际货币基金组织分为四个层次：最高层是各国财长和央行行长组成的董事会（Board of Governors）；第二层是代表各成员国的执行董事（Executive Directors）组成的执行层；第三层是执行董事指定的总裁（Managing Directors）组成的管理层；第四层是具体工作人员（staff）。董事会作为权力的最高层并不处理具体事务，只定

① Alain Pellet, “Legitimacy of Legislative and Executive Actions of International Institutions,” in Rüdiger Wolfrum and Röben Volker, eds., *Legitimacy in International Law,* eds., p.31.

② Albin Cecilia, “Getting to Fairness: Negotiations Over Global Public Goods,” in Inge Kaul et al., eds., *Providing Global Public Goods: Managing Globalization*, p. 270.

期举行会议对重大问题进行协商，具体的事务通常由执行董事负责。为了协调执行董事的行动，其上设总裁一职由执行董事选举产生。总裁职位本身意味着巨大的权力，在国际贷款的发放等方面有很大的决策权力。原则上，总裁是国际公利和国际公权的代表，其决策应该是综合平衡所有成员国利益的最优政策选择。但由于总裁的非世界公民性——总裁一定是一位有国籍的社会人——其国籍归属、教育经历、文化背景、价值取向、道德水准等个性化因素都会影响其对公共利益的理解和公共权力的使用。原则上，任何国家的代表都有资格参选国际货币基金组织主席，但实际情况却是，几乎历任国际货币基金组织的总裁都是欧洲人（英国、法国、德国），而历任世界银行的主席都是美国人。[①] 这是美国及欧洲等世界强国的国家权力在国际公共产品权力结构中的反映，也是强国通过公共职位获取国际软资源的体现。再以第二层的执行董事为例，虽然每个成员国都可以有国家代表，但不是每个国家的代表都能担任执行董事，其职位分配是根据国家配额比例产生的。发达国家拥有较多配额，所以每个国家都有自己的执行董事，同时还有强大的专业团队提供技术和信息支持。一些发展中国家则配额不足，必须几个国家联合起来才能凑足一个执行董事所需的配额数量，即几个国家的利益只由一个公共的执行董事来代表。为了体现公平原则，该职位每二年在各国轮换。此种做法虽然在一定程度上考虑了公平要素，但却有两个不利后果。第一，国际货币基金组织的规则程序极为复杂，两年轮换制使执行董事无法在有限的时间内完全熟悉规则内容和具体运用，因为在他刚刚对规则有所了解之后就要马上就要让位给下一任。而有自己独立董事代表的发达国家则没有此种尴尬，稳定长期的任职不但使该国的执行董事对规则非常熟悉，而且和其他国家的执行董事会发展很深的私交，这样的私人关系是国家共同利益的有力黏合剂，更容易使各方在情感和决策上达成一致。没有独立执行董事的发展中国家则没有此项便利。第二，代表多个发展

---

① 具体参见 Ariel Buira, “The Governance of the International Monetary Fund,” in Inge Kaul et al., eds., *Providing Global Public Goods: Managing Globalization*, p. 231。

中国家的执行董事对一般工作人员没有约束力。国际货币基金组织的一般工作人员基本都是终身职员制，没有特殊原因不能解雇他们。与终身雇佣的职员相比，这些公共董事两年之后就要离任，一旦这些短期执行董事下达的指令对具体工作人员不利，他们就会通过拖延时间等办法消极执行执行董事的指令，拖到执行董事离任，其发出的指令也就自动失效了。这种组织机构的安排使配额较少的国家的执行董事无法真正实施对下级工作人员的管理权。在国际货币基金组织的第三和第四个层面上，尽管其具体工作人员来自全部183个成员国中的127个国家，但在高级别人员中，来自发达国家的人员占了大多数。据统计，在1996年的31个高级别官员中，有26位来自发达国家，在2001年的29名高级职员中，有22位来自发达国家。即使有一些高级官员来自发展中国家，他们大多数都有欧洲和美国的教育背景，其思维方式或多或少会受到发达国家的利益观和价值观的影响，这些有倾向性的价值观不可避免地会体现在其对权力的运用上。[①] 由此可见，国际公共产品组织机构本身的权力也是重要的国家软权力资源。

第四节　增值价值

上述三个小节关于国际公共产品软权力价值的分析都是从“产品性”角度对其静态存在所做的“物理性”分析。国际公共产品的“公共性”决定了国际公共产品是开放的体系，“非竞争性”和“非排他性”决定了其供给方和消费群体可以不断扩大。这种体系的开放性使国际公共产品始终处于动态的变化过程中，因此也具有一定的“化学”性质，其根本表现就是国际公共产品本身能够通过吸引新成员的加入而实现自身软权力价值的增加。“当成员数量跨过一定门槛时，（成员间）合作范围的扩大就变得更加容易，因为体系外（的国家）更愿意遵守

① Ariel Buira, “The Governance of the International Monetary Fund,” in Inge Kaul et al., eds., *Providing Global Public Goods: Managing Globalization*, p. 231.

已经被大部分国家接受的规范体系。"① 而且，成员数量达到一定规模后，其规模效应会极大降低成员间的交易成本，进而会吸引更多国家加入其中，由此实现国际公共产品作为开放的公共利益体系的良性成长。国际货币基金组织、世界银行和世界贸易组织从建立之初仅有几个成员国，到现在成员人数众多，这就是国际公共产品自身价值不断增加的表现。国际公共产品的增值价值主要体现在存续性价值和扩展性价值两个方面。

一、存续性价值

提供需求满足的功能性是国际公共产品的根本价值属性。如果无法有效满足特定需求，任何人类产品都必将被更高效的新产品所淘汰，国际公共产品也是如此。国际公共产品不同于普通产品之处在于其国际公利的制度化共识基础。在国际无政府状态中，国际共识是国际层面政治合法价值的唯一来源，因此是国际政治领域的稀缺软资源。国际共识的达成是复杂的多边权力和利益博弈的结果，通常费时较长。但此种多边共识一旦达成就具有较高的稳定性，即使建立在该共识基础上的国际公共产品因为效力和效率低下被淘汰，其共识体系由于其宝贵的合法性价值也会以国际惯例的形式在国际社会继续存在，或者被新的国际公共产品继承而成为其合法性内核。也就是说，即使某个具体的国际公共产品退出了历史舞台，其规则、程序和机制等共识体系也会在国际社会中惯性存续，这就是国际公共产品的存续性价值。例如，第一次世界大战以后成立的国际联盟作为安全领域的国际公共产品很快就退出了历史舞台，但其"和平"、"平等"等基本共识却被二战以后新的国际公共产品——联合国组织——继承了下来。国际公共产品的存续价值具体表现在"稳定性"、"成长性"、"共同体性"和"惯性"四个方面。

---

① Todd Sandler, *Global Collective Action*, New York: Cambridge University Press, 2004, p. 259.

1. 稳定性价值

无论是国家公共产品还是国际公共产品，其基础都是机制化和法理化共识。法律和制度具有天然的稳定性，因此法律化和机制化的共识也具有高度稳定性。例如，“国民保健制度（National Health Service）作为英国国内的公共产品，其运行并不完全受英国国家公共权力控制。如果公权可以左右其机制，任何一届政府都可以通过颁布法律全盘改变其现有的机制，（而事实却不是这样）。”① 国际公共产品是国际社会多个成员达成的机制化“共识”结果。多个国家把各自主权有限让渡给国际公共产品的规则体系，使其成为具有高于个体主权国家的国际公共权力体系，对所有成员国的行为具有同等约束力。国际公共产品提供的国际公权比单个国家主权或少数国家间协定具有更高的权力稳定性和权力效力。在国际公共产品的公权保障下，即使某国国内政体或政权发生变化，也不会影响该国对国际公共产品所负的责任和义务。“在一个国际行为中，如果主导者是单个国家而不是国家联盟，这个国家如果想让其政策保持稳定不受国内因素的干扰，最好的办法就是把他的政策国际化（取得尽可能多国家的认同）。也许这就是美国执政者为何更愿意通过联合国或世界银行等国际机制，而不采用自己直接的单边行动来行使权力的原因。”②

无政府状态下的国际合作要求各成员的行为具有一定的可预期性，以避免陷入囚徒困境。国际公共产品形成的动因是国家集体私利的互补和重叠。利益满足始终是各国行动的根本出发点。国家参与国际公共产品的提供就是因为国际公共产品稳定的机制能够使各国利益的实现有保证，即成员国的行为及后果都具有可预期性，其利益分配的模式具有可重复性。“使人们可以预测何种具体原则会被使用，要比决定一个判决是否会使当事方都能够接受要重要得多。”③ 同时，国际合作

① Moe, Terry M., and Michael Caldwell, “The Institutional Foundations of Democratic Government: A Comparison of Presidential and Parliamentary Systems,”*Journal of Institutional and Theoretical Economics*, Vol. 50, 1994, pp. 171-195.

② Lloyd Gruber, p. 83.

③ Jackson, *The World Trading System: Law and Policy of Interntional Economic Relations*, p. 136.

只有多次重复才能保证所有成员国利益的充分实现，“国际机制使各成员国之间的互动行为成为一种可以重复的模式——即由国际规则而不是由易变的国内政权代表来决定对待各国行为应采取何种策略和各国应承担何种相应的后果”[①]。为了保证国际公共产品的稳定性，很多国际组织都制定了严格的准入和退出机制。例如，北约就规定其成员国在条约生效二十年内不得退出；一旦获准退出，必须提前一年告知其他成员国。[②] 国际机制对国家行为的“可预期性”和国家互动模式的“可重复性”的规定使国际公共产品的权力具有高度的稳定性和长效性。WTO 这样的多边贸易组织建立争端解决机制的根本原因就是解决合作信心问题。争端解决机制为管辖权彼此独立的各国政府提供了一个外部承诺工具，迫使各方遵守公共性承诺。

2. 成长性价值

由于国际公共产品本身具有非竞争性和非排他性，在理论上其消费市场可以无限扩大。反映到它的具体组织形式——国际组织——就表现为其成员数目可以无限增加。国际公共产品这种开放的成长性就是它的成长价值来源，具体表现为国际公共产品消费者的增多、国际公共产品职能的增强、规则体系自主权力的增强和成员信息共享度的累增等四个方面。

第一，国际公共产品的成长性价值首先表现在其体系成员数量的无限成长空间。任何一个国际公共产品在建立之初都是由一小部分具有共同利益诉求的同质性国家组成的。随着该国际产品的合法性、效力和效率的逐步显现，更多的国家会被吸引加入其中。一般来讲，新增国家数目越多，该国际公共产品的公共性就越强，其合法性和制度性等权力价值也更高，该组织表现出的成长性价值就越大。例如，关于保护大气环境的《蒙特利尔议定书》（*Montreal Protocol*）首批签约方只有 11 个国家，现在签约数已经增加到 191 个国家。该议定书由于在保护臭氧层方面取得了显著效果而被安南赞为“迄今为止最成功的

① Todd Sandler, p. 95.

② Ibid.

国际协议"[①]。再如，北大西洋公约组织最初只有7个签约国，主要是美国及其欧洲盟友（美国、英国、法国、比利时、加拿大、卢森堡、荷兰）。苏联的解体和北约影响力的增强使北约成员数目不断增长，截至2015年，北约已有26个成员国，是创始国数量的三倍多。再以关贸总协定和世界贸易组织为例，关贸总协定在成立之初只有23个缔约国，到1994年底时，其正式缔约国已经达到128个，[②] 成为对全球经济有重大影响的"经济联合国"。在理论上，国际组织作为开放的公共体系其成员数可以无限增加，成员数量的增加会提升组织本身的影响力和权威性。自从1995年成立以来，已经有36个新成员加入了WTO。截至2016年7月29日，WTO已有164个成员，覆盖了世界经济及全球贸易的90%以上。[③]

第二，国际公共产品的成长性价值还表现在其职能的增强。以联合国为例，联合国是二战结束后世界各国为实现世界和平而成立的国际组织。随着其在国际安全和政治领域影响的不断增强，有学者认为联合国已经具有了准世界政府的职能和权力。反对国际恐怖主义和禁止大规模杀伤性武器的1373号和1540号协议的通过，实际上是对联合国宪章权力的补充和其国际立法权的行使。此两个协议加强了联合国在维护国际安全事务方面的权力和职能，"补充界定了国际和平的威胁来源和处理对象，不仅是国家，个人组成的团体也可能对国际和平造成威胁；从严格意义讲，不仅某些孤立的事件，某种常态的局势也可以成为联合国出面处理的对象。根据这些决定，经过联合国授权的国家联合体不仅可以对某个特殊事件采取联合行动，还有权促使他国通过国内立法执行联合国关于打击国际恐怖主义和禁止大规模杀伤性武

① Scott Barrett, Environment and Statecraft: The Strategy of Environmental Treaty-Making, New York: Oxford University Press, 2003, pp. 226-227.

② 具体数字来自WTO的官方网站：https://www.wto.org/english/thewto_e/gattmem_e.htm，2015年11月10日登录。

③ 具体数字来自WTO的官方网站：https://www.wto.org/english/thewto_e/whatis_e/tif_e/org6_e.htm，2017年1月10日登录。

器的决议。”[①] 对联合国是否应该具有超越国家管辖权的问题仍然有很大争议，但其作为国际组织职能和权力的加强已经是客观事实和发展趋势。国际制度是一定历史时期的产物，记录了当时的重大利益关切与解决之道。随着时代的变迁与新国家的加入，自然会出现新的利益关切。对一个国际制度或国际机制而言，能否容纳进新进入国家的关切，关系到该国际制度是否能够保持充分的合法性。制度先行者和新进入国家之间就存在着相互合法化的问题。

第三，国际公共产品的成长性价值还表现在其规则体系更加严格。在国际组织和机制成立之初，其规则基本上都会采用“全体协商一致”或“一票否决”的做法，目的是确保成员国享有平等权益——确保每个国家都不成为他国利益的牺牲品。协商形式也通常采用非正式会谈和不具有约束力的国际声明等形式。随着更多国家加入，国际组织的规则体系也随之发生变化——对成员国的管理更加具体和严格。比较关贸总协定和世界贸易组织的规则体系就会发现，世界贸易组织比关贸总协定在组织形式、纠纷解决方式和法律效力等方面的规定都要更加严格和细致。从组织角度看，关贸总协定是暂时性的多边贸易协定，虽然具有某种国际组织的功能但并不具备独立法人资格，因而不是严格意义的国际组织。世界贸易组织作为永久性的国际组织，具有完全的独立法人资格。从纠纷解决方面看，关贸总协定对于各缔约方的纷争只提供了一个公共论坛和内涵宽泛的共同行为准则，成员间的纠纷多是在权力政治框架下通过外交途径得以协商解决的，直到后期才出现了具有某种仲裁功能的工作组审议制度。世界贸易组织的争端解决机制则更多地体现了规则导向原则[②]，通过“强制审理”、“上诉机构复议程序”、“倒协商一致”等一系列具有法律效力的规则和机制更加高效地处理了成员国之间的纠纷。从决议的法律效力上看，由

① Wolfrum, “Legitimacy of International Law from a Legal Perspective,” in Rüdiger Wolfrum and Volker Röben, eds., *Legitimacy in International Law,* eds., p. 16.

② 关于从GATT到WTO中从权力导向到规则导向的研究可参考郭薇，翁杰：《从权力导向型向规则导向型的嬗变——试析GATT/WTO争端解决机制的演进和整合》，《西南民族大学学报》（人文社科版），2005年第8期，第73—78页。

于并非所有缔约方都经过了其国内立法机构的正式批准，关贸总协定只是一种国家间的临时约定，对缔约国家的行为不具有完全约束力；世界贸易组织成员国资格的取得必须得到其国内立法机构的批准，各国政府对世界贸易组织的承诺是全面和永久性的，因此世界贸易组织的决议对各成员国行为具有高度约束力。特别是争端解决机制效力的增强，充分反映了从关贸总协定到世界贸易组织的过程中该国际公共产品规则体系的严格化和权威化。“乌拉圭回合的重要成就之一，也是该贸易体系最关键的核心问题之一，就是各方就新的争端解决机制达成了共识。”① 这些进步使争端解决机制成为“国际经济外交的重要组成部分和世界贸易组织的官员和外交官们的骄傲。”② 国际组织规则的严格化反映了国际公共产品作为独立国际权力体的成长。WTO 争端解决机制相对于 GATT 的一个重要创新是上诉机构的设立，这使得其更接近国内司法程序中的二审终审制度。和专家组一样，上诉机构同样不附属于任何政府。从某种意义上说，在规则主导的 WTO 争端解决机制中，专家组和上诉机构具有一定超越国家的权力。

第四，体系内成员信息共享程度的加强也是国际公共产品成长性价值的重要来源。信息本身就是权力。只有充分占有信息才可以明确定位本国利益，并采取相应行动保障本国利益的实现。国际公共产品的信息共享机制是成员国彼此交换信息的公共平台，该机制内部成员可以免费获得相关信息。同时，机制内成员数量越多意味着共享信息的数量越多，信息质量也越高，国际公共产品作为信息提供者的价值也越高。以 WTO 的争端解决机制为例，与 GATT 时期争端案件相关资料不向成员公开不同，WTO 每个案件的进展情况及相关专家小组和上诉机构的报告都在 WTO 网站和相关出版物上公开，争端方的论辩情况也会在相关报告中列出。因此，WTO 体系下争端解决机制的价值远大于 GATT 时期。

正如 WTO 上诉机构前主席詹姆斯·巴克斯 (James Bacchus) 所指

---

① Jackson, *The World Trading System*, p. 125.

② Ibid.

出：国际贸易领域的国际法治架构，是以 GATT 为基础的国际贸易体系已通过多年个案和规则的不断积累逐步建立起来的。这对国际法学而言是一笔能持续增值的财富。[①]

3. 共同体价值

公共利益和公共意志是国际公共产品公共性的组成要素，具体包括生产工具的公共性、生产者的公共性和消费市场的公共性。在国际公共产品的生产过程会形成多个共同体，最典型的就是资源共同体、利益共同体和价值共同体。生产要素决定了产品价值，国际公共产品生产要素的共同体性决定了其产品具有共同体价值。

首先，工具性资源的共享是国际公共产品公共权力的基础和产品成长的动力。任何产品的生产都离不开生产资料和生产工具，国际公共产品也是如此。以国际公共产品的"信息共享"为例。在国家复杂的相互依赖中，互联网的发明为世界范围的信息共享提供了高效工具，互联网络的硬件和软件等工具也因此成为具有权力价值的资源。谁占有更多的互联网资源，就意味着谁会更大限度地享受"信息分享"带来的利益。有学者把此种现象称之为"网络效应"或"系统效应"。世界银行的经济学家约瑟夫·斯蒂格利茨（Joseph Stiglitz）就曾以知识经济为例评价此种系统效应："此种强大的溢出效应会像星火燎原一样迅速蔓延开，进而引发更多的发明或新一轮的发明潮。有形产品的传播远没有知识蔓延的势头之猛。"[②] 如互联网一样，具有权力价值的联合国表决机制、世界贸易组织仲裁机制等也是工具性资源。对共同资源的占有和使用使国家间结成了共同体，这些共同体成员不仅从共同资源中获益，而且还会尽力维护该工具价值的稳定并使其增值。非共同体成员则无法从该工具或资源中获利，而且被排除在体系外成为孤立的个体。

其次，共同的利益和价值取向是国际公共产品成长的基础。国际公共产品的基础是共同利益，任何利益的实现都含有价值判断要素，

① James Bacchus, "Groping Toward Grotius: The WTO and the International Rule of Law", *Harvard International Law Journal*, 2003, Vol. 44, No.2, pp. 533-550.

② Keohane & Robert, "Introduction," in Nye & Donahue, eds., *Goverance in A Globalizing World*, p. 9.

即在利益共同体形成的同时会附带形成一定的价值共同体。实际上，国际公共产品“最容易在一小群按照某种要求选定的，在某些方面相似的国家间首先产生。这种相似性可能体现在地理位置、发展水平、共有的价值判断、文化特征、共有历史等各方面。”① 事实上，几乎所有国际组织都始于具有高度同质性的国家集团。北大西洋公约组织和华沙条约组织就是意识形态同质性国家组成的军事集团。虽然新成员的加入好像使国际组织成员国的同质性在一定程度上被削弱，但实际上一个更广泛的同质集团正在形成。这个同质性集团就是该国际组织本身。在该国际公共产品“共同性”框架下（共同产品、共同工具、共同利益、习得的共同价值），新加入的成员在与原有成员的互动中会形成新的“共同身份”认同。这种“共同身份”认同随着该组织成员数量的增加和组织机制的严格化而愈发凸显。例如，随着成员数的增多和影响的扩大，欧盟成员国之间形成了更加广泛的共同体身份认同。宗教作为最早的全球性公共产品，其成员彼此的“共同身份”认同对宗教的存续和繁荣起了至关重要的作用。“1492年前范围最广历时最长的全球化进程就是基督教和伊斯兰教在欧洲、亚洲和非洲的传播。”这种共同身份的认同“虽然不能完全阻止基督教信徒与基督教信徒之间、伊斯兰教信徒和伊斯兰教信徒之间发生战争，但共同的信仰是不同的人们找到共同伦理和道德观念的基础。”②

4. 惯性价值

惯性是国际公共产品作为社会现实存在而具有的跨越时间维度的稳定性特质。国际公共产品一旦产生，其机制、组织构架、规则等共识性要素会表现出极强的生命力和延续性。即使某个具体的国际公共产品已经不存在，其规则、制度、理念等共识性要素也会以国际惯例的方式存续下去继续发挥影响，这就是国际公共产品的惯性价值。以关贸总协定到世界贸易组织的演变为例。二战以后，为了反对贸易保护主义，美国和英国等23个国家在1947年签订了《关税和贸易总协

① Todd Sandler, p. 10.

② Neal M. Rosendore, “Social and Cultural Globalization,” in Nye & Donahue, eds., *Goverance in A Globalizing World*, p. 114.

定》，规定了各缔约方贸易往来的三个基本原则：将贸易限制措施变为关税政策并降低各国关税；非歧视性待遇（最惠国待遇、国民待遇）和政策透明；多边协商解决纠纷。当时的关贸总协定对促进全球自由贸易的发展发挥了重要作用，但由于关贸总协定只是国家间松散的多边协定，不具有国际独立法人地位，而且其规范内容非常有限（只限于货物贸易），关贸总协定不能满足日益发展的自由贸易要求，在1994被具有更高法律效力的世界贸易组织所取代。尽管关贸总协定已经不存在，但其基本原则和组织架构却被世界贸易组织继承下来。实际上，世界贸易组织就是更具法律效力的关贸总协定的升级版。格林尼治时间被选定世界标准时间的例子也说明，某个标准一旦建立就具有“锁定性”（locked in），[①] 该标准存续的时间越长其锁定性就越强，不仅难以改变并且会持续下去并产生深远影响。“在特定的历史时期行政官员会在一个已经相对确立的机制系统内进行决策。旧的机制会影响和塑造新问题的解决思路，新产生的政策也会受到‘过去先例’的影响”[②]，而且“在个体层面，机制的结构性要素——规则和程序——被认为是既定的。这些既定的要素可以促成、鼓动或指导各成员的行为，而这些在机构性要素影响下的行为又进一步强化了原有的机构。”[③]

GATT多边贸易体制的临时规则和制度遗产，很多都通过WTO协定的明文规定而得以制度化和永久化。以多边贸易体制的表决机制为例，1994年签订的《建立世界贸易组织的马拉喀什协定》第9条第1款做出了明确规定：“世贸组织应沿袭《1947年关贸总协定》所遵循的协商一致方可作出决定之惯例。除非另有规定，否则如无法以协商一致之方式作出决定者，则所涉之争议事项均应通过投票决定……部长级会议和总理事会的决定应以所投票数的简单多数作出，但是

① Scott Barett, p. 160.

② G. John Ikenbury, *Reasons of State: Oil Politics and the Capabilities of the American* Government, Ithaca: Cornell University Press, 1988, pp. 194-195.

③ Soo Yeon Kim, *Power and Governance of Global Trade: from the GATT to the WTO*, Ithaca: Cornell University Press, 2010, p. 58.

本协定另有规定者除外。"[①] 今天受到赞誉的 WTO 争端解决机制也是 GATT 以专家组审议争端做法的惯性发展结果。约翰·杰克逊（John Jackson）认为这是一种主要具有谈判气氛的多边外交程序转变为一种更具仲裁和司法色彩的程序，以期公正地认定事实，并对法律做出最佳解释。[②]

国际公共产品具有惯性价值的另一个原因是既定利益集团的形成。国际公共产品产生的基础是提供了某种公共需求的满足，在实现共同利益的过程中形成了某种利益共同体。为了保证利益的持续稳定获取，利益共同体成员必须尽可能延续国际公共产品的生命，以保证自身利益的长期稳定实现。所以，即使存在一种更加高效的同类国际公共产品，由于新公共产品在生产成本、相对收益和风险、集体合作等方面存在的不确定性，现有国际公共产品的受益者往往不愿放弃稳定成熟的获利体系而冒风险转向新的公共产品的使用。对于新的国际公共产品的潜在最大收益方而言，尽管该国可能在新国际公共产品体系中获取比现有体系中更大的收益，但由于建立新公共产品具有一定的不确定性并会对旧体系构成一定竞争挑战因而可能产生抵抗成本，他也趋向选择留在原有的公共产品体系内或通过体系内变革来优化自身利益，而并不会首先选择退出原有体系而开创新体系。一方面，既得利益集团出于维护自身利益会对现有体系做最大限度的维护；另一方面，新体系的潜在最大利益获得者建立新体系需要付出高昂的成本，此两个原因决定了国际公共产品在国际社会有很大的惯性存续价值。

二、扩展性价值

20世纪末，国际组织蓬勃发展。为什么国家如此热衷加入国际组织呢？其原因并不仅仅因为这些组织的功效价值能够满足国家的利

① WTO网站，"Marrakesh Agreement Establishing the World Trade Organization"，https://www.wto.org/english/docs_e/legal_e/04-wto_e.htm, 2015年10月8日登录。

② [美]约翰·杰克逊：《世界贸易体制——国际经济关系的法律与政策》，张乃根译，上海：复旦大学出版社，2001年版，第129页。

益需求，还因为国际组织本身具有扩展性，国家参与其中可以随着国际组织本身的成长而更大程度地实现本国利益。国际公共产品的扩展性价值主要表现为标准规范性价值、归属感价值和次优选择价值三个方面。

1. 标准规范价值

国际公共产品的规范职能是其本身成长的动力之一。公共性是国际公共产品具有规范职能的基础。国际公共产品的参与提供国数目越多、规则越严格、成立的时间越长，表明该国际公共产品的共识性越高。获得国际公权保障的多国共识对各成员国的行为有指导和规范作用，是具有国际法效力的国际规范。国际规范不仅对国际公共产品体系内成员行为有直接的规范作用，对体系外国家的行为和观念也能产生辐射效力。因为，"如果大家都认为按这个规则行事是判断某人是否值得信任和尊敬的标志，即使极端的利己主义者也会去模仿那些按原则做事的利他主义者的行为。"① 因此，"如果某些规范成为主导性规范，即使极度以自我利益为中心的行为体也会产生遵循规范的动机。就像博弈论指出的，主体的行为不完全受自我利益的驱动，还取决于他们对其他人的意见如何看待。"② 某个国际公共产品的组织原则和观念一旦成为国际规范，就会成为该国际公共产品成长的动力之一。以国际非政府组织"自由之家"（Freedom House）和"透明国际"（Transparency International）为例。"自由之家"制定了一套统一的指标体系在全世界范围内测量各国民主和自由的实现程度；"透明国际"则制定了关于测量国家腐败程度的量表，并通过开展学术和社会活动监督国家的清明政治。随着测量结果被越来越多的国家所接受或引用，这两个国际组织的量表成为具有高度权威性的国际标准，对所有国家行为都产生了一定的指导和规范作用。③ 弗莱德里克·肖尔（Frederick

① Robert Keohane, "Comment: Norms, institutions, and cooperation," in Maskus E. Keith & Reichman Jeromeh, eds., *International Public Goods and Transfer of Technology: Under a Globalized Intellectual Property Regime,* Cambridge: Cambridge University Press, 2005, p. 67.

② Ibid.

③ Frederick Schauer, "Legal Transplantation," in Nye & Donahue, eds., *Governance in a Globalizing World*, p. 262.

Schauer）以互联网信息的公共获取度和认同度为例，分析了互联网作为国际公共产品的规范价值。“哪些国家把自己的决策和法律放到了互联网上？哪些国家把自己的决策和法律放到了标准数据库里（如LEXIS和WESTLAW）？哪些国家有这些标准数据库的设计人员？哪些国家把各自的决策和法律用非本族的世界通用语（通常是英语，也可能是法语和德语）的形式放到了互联网上？……所有这些因素都会影响这些决策和法律被他国引用和对他国产生影响的方式和程度，更会影响这些法律和决策的说服力和权威性。”[①]

以共识为基础的规则体系的标准性和权威性是国际公共产品扩展性价值的重要来源。国际共识是国际公共产品的合法性基础，其表现之一就是全体成员对行为准则的普遍认可和接受。体系内成员对规则遵守的程度越高，标志着该国际公共产品的公共认可度越高，其软资源价值也就越高。在多边体系下建立的规则体系会产生权威价值和规模效应。权威性是指一旦某项规则得到大部分成员认可而成为国际规范，其规范效应会溢出体系成为更大范围内的具有权威性的国际标准；规模效应是指该规则一旦在体系内确立，全体成员对规则的共同遵守可以极大降低彼此间的交易成本，遵守规则的人数越多，其规模效益就越明显。以国际民航组织统一语言为例。各国航班在世界范围内通航需要在航线、时间和场地等方面进行统一协调，语言的沟通必不可少。要求航务人员掌握所有通航国家的语言是不可能的，即使有可能其成本也非常高昂。因此规定一种语言（英语）为各国的通用语不仅经济而且必要。这个通用语就是一个国际公共产品。此产品不仅解决了各国相互沟通的问题，而且节省了成本提高了效率。该语言的合法性和权威性一旦确立，其本身就具有了国际标准的职能，其规范性和效率性会吸引更多国家加入这个标准体系。再如，关贸总协定是二战以后建立的管理国际贸易的重要机制，其规则体系已经成为重要的国际规范。欧洲经济共同体的框架就是在世界贸易组织规范体系内建立

① Frederick Schauer, “Legal Transplantation,” in Nye & Donahue, eds., *Governance in a Globalizing World*, p. 261.

的。关贸总协定第二十四条规定了，关税同盟和自由贸易区的建立不得与关贸总协定的基本原则相悖。标志欧洲经济共同体成立的《罗马条约》在1957年4月18日（欧共体成立后不到一个月的时间）被送到世界贸易组织接受审查，看其是否符合关贸总协定第24条关于关税同盟和自由贸易区的规定。[①] 由此可见，国际公共产品的地位在国际社会一旦确立，其规则体系会成长为国际规范从而进一步巩固并促进该国际公共产品的持续成长。

2. 归属感价值

体系内成员对体系成员身份会形成某种归属感，此种归属感有利于国际公共产品体系的稳定和发展。国际公共产品是国际无政府状态下不同主权国家为实现共同利益通过签署条约等法律行为而达成的法律化和机制化的“集体共识”。与社会中的个人一样，国际社会中的国家也有归属感需求，即一个国家在国际社会交往中需要通过加入某个团体和组织来证明自己在国际社会中的地位和身份，这就是国家的归属感需求。在国际公共产品框架内，各参与国都是公共利益的受益方和共同规范的遵守者，对成员身份有共同的认同。这种对成员身份的认同形成了成员对该共同体归属感的基础与前提。如果一个国家集合体在无政府的国际社会中得到了多数国家的认可，这种身份本身就成为一种有价值的荣誉资源，对该集合体外的国家会产生吸引作用。在归属感的驱动下，非成员国会通过模仿成员国的行为或遵守成员国的共识规范来获取体系内成员的认同，并最终成为其中一员来实现自身对归属感的需求满足。弗莱德里克·肖尔（Frederick Schauer）就指出：“一个国家想赢得另外一个国际团体和组织的接受、尊重和尊敬，这种获得他人承认的欲望会使该国根据其心仪的国际团体修改自己国内的法律，这种欲望的强烈程度还决定了该国修改后的国内法在多大程度与目标国际组织的法律相同。”[②] 在此种归属感的驱动下，获得了一定国际声誉的国际公共产品的成员国数量会不断增加，影响也会不

① 具体过程的分析可见 Soo Yeon Kim, pp.76-84.

② Frederick Schauer, “Legal Transplantation,” in Nye & Donahue, eds, *Governance in a Globalizing World,* p. 258.

断增强。因此，基于成员国的“共同身份”而产生的“归属感”是该国际公共产品本身成长壮大的重要动力之一。弗莱德里克·肖尔还以欧盟的法律对欧洲国家法律的影响为例，分析了“归属感”对国际公共产品成长的作用。“对于那些想加入欧盟的国家，有越来越多的国家相信修改他们国家的法律使其与欧盟法律更相似会增加他们被接纳为欧盟成员国的可能性……由于德国在法律和经济模式上是公认的欧洲（西欧）典型代表，我们可以看到巴尔干国家和东欧国家都在努力根据德国模式修改各自的国内法。他们这样做的原因并不是认为德国法比自己国家的法律更先进，而是因为‘与德国趋同’这个事实本身会使自己的国家看上去更加‘欧洲化’，并在此基础上产生一个与他们希望加入的国际社会（欧盟）相一致的法制政权。”① 南非表示制定自己国家的宪法要参照国际公法和外国法律也是其对国际社会“归属感”的诉求表现。

3. 次优选择价值

作为国际无政府状态下的理性行为体，每个国家都要对自身的生存和发展负责，即实现最大化国家利益永远是国家的行为准则，也是国家参与国际公共产品供给的原因。事实上，一些国家通过加入某个国际组织和国际机制并没有实现预期的最大化的国家利益，甚至在某种程度上还加剧了国内危机，例如墨西哥和阿根廷加入北美自由贸易协定之后国内经历的金融危机。既然加入国际组织或机制不能实现国家利益的最优，为什么这些国家还选择主动加入其中呢？其原因就是当这些体系外国家无法通过加入国际公共产品供给而实现利益最优时，“次优方案”就成了最佳选择。对很多国家特别是弱势国家而言，加入国际公共产品的提供实际上是一种次优选择。因为“在国际多边机制中弱国是大多数。（因为）在共同的机制（规则）框架下来自强国的威胁要小于没有任何机制约束下强国的（可以任意妄为）的威胁。”②

---

① Frederick Schauer, “Legal Transplantation,” in Nye & Donahue, eds, *Governance in a Globalizing World*, p. 259.

② Buchanan & Keohane, “The Legitimacy of Global Governance Institutions,” in Nye & Donahue, eds., *Governance in a Globalizing World*, p. 36.

首先，当体系外国家无法实现最优选择时，次优选择就成为他们在现实世界中的“最优选择”。假定在国际社会中出现了新的国际公共产品（P），其价值是 $V_{(P)}{}^{0}$，对于国家（N1）可以有两种选择：加入和不加入。如果选择加入该国际公共产品，该国会通过“加入”行为获得国际公共产品共同体成员身份，进而实现既定利益 $B_{(N1)}{}^{p}$。该国际公共产品也因为国家N1的加入而增加了本身的价值成为 $V_{(P)}{}^{0+n1}$。如果国家N1选择不加入，该国际公共产品并不会因为N1的不参加而停滞或灭亡，相反，由于其利益供给的非竞争性和体系的开放性，对国际社会中其他国家N2，N3……Nn也可以产生同样的吸引力，即这些国家的加入同样会增加该国际公共产品的价值，使之成为 $V_{(P)}{}^{0+n2+n3+\cdots\cdots nn}$。通过本章对国际公共产品存续价值的分析可知，一个国际公共产品的成员国越多，其价值就越大，对国际社会的影响也就越大。在国际公共产品的成长过程中，对于特定国家N1实际存在五个国际境况（以S代表）——该国际公共产品产生前的国际境况（S^{0}）；该国际公共产品成立后N1选择加入该国际公共产品的境况（S^{p+n1}）；该国际公共产品成立后N2……Nn也选择加入该国际公共产品的境况（$S^{p+n1+n2+\cdots\cdots nn}$）；该国际公共产品成立后N1选择不加入该国际公共产品的境况（$S^{p(-n1)}$）；该国际公共产品成立后N1选择不加入而N2……Nn等选择加入该国际公共产品的境况（$S^{p(-n1)+n2+\cdots\cdots nn}$）。在这五个国际境况中，N1能够实现的国家利益分别为 $B_{(N1)}{}^{0}$，$B_{(N1)}{}^{p+n1}$，$B_{(N1)}{}^{p+n1+n2+\cdots\cdots nn}$，$B_{(N1)}{}^{p(-n1)}$，$B_{(N1)}{}^{p(-n1)+n2+\cdots\cdots nn}$。由于国际公共产品利益供给的非竞争性，N1不能阻止或影响N2……Nn加入该国际公共产品体系，新成员的加入会自动提升该国际公共产品的价值，即 $V_{(P)}{}^{0+n2+n3+\cdots\cdots nn} > V_{(P)}{}^{0+n1} > V_{(P)}{}^{0}$。国际公共产品本身价值的增加使得各成员国的获利也相应增加，以N2为例，显然 $B_{(N2)}{}^{p+n2+n3\cdots\cdots nn} > B_{(N2)}{}^{p+n2}$。作为个体国家，N1作为单个国家的加入与否对有N2……Nn等众多国家加入的国际公共产品P的价值不会产生根本影响，即可以认为 $V_{(P)}{}^{0+n2+n3+\cdots\cdots nn} = V_{(P)}{}^{0+n1+n2+n3+\cdots\cdots nn}$。由于国际公共产品的开放性，我们可以粗略地认为 $B_{(N1)}{}^{p+n1} = B_{(N2)}{}^{p(-n1)+n2}$。由于国际公共产品具有普遍的公利性，从绝对利益角度讲参与其中就会获得某种公利，所以在一般情况下 $B_{(N1)}^{p+n1}>B_{(N1)}^{p(-n1)}$。综合以上各个比较结果，会产生这样的利益排序 $B_{(N1)}^{p(-n1)}<B_{(N1)}^{p+n1}$（$=B_{(N2)}^{p+n2}$）$<B_{(N2)}^{p(-n1)+n2+\cdots+nn}$（$=B_{(N1)}^{p+n1+n2+\cdots+nn}$）。所以在国际公共产品实际出现后的情况中，对于N1的国家利益而言，不加入P是最劣选择而加入P是最优选择。实际上，选择加入只是现实中的“最优”选择，因为理论上的最优可能是国际公共产品出现前的 $B_{(N1)}^{0}$。但一方面由于无法对公共产品P未出现前和出现后的N1的国家利益的实现情况进行比较，即无法对 $B_{(N1)}^{0}$ 与 $B_{(N1)}^{p+n1}$ 二者进行比较评估。另一方面，在现实中N1无法独立阻止国际公共产品P的出现而使 $B_{(N1)}^{0}$ 在现实中存在。所以选择参加国际公共产品以实现（$B_{(N1)}^{p+n1}$）是N1在现实中的“最优选择”，理论上的次优选择。

其次，国家加入国际公共产品的提供是为了避免最劣选择。假设N1出于某种原因不愿加入国际公共产品（P）的提供，虽然我们无法对没有国际公共产品（P）情况下N1的国家利益（$B_{(N1)}^{0}$）和有了国际公共产品（P）而N1不参加的国家利益（$B_{(N1)}^{p(-n1)}$）之间进行纵向比较，但却可对国际公共产品的出现对于不同国家（N1和N2……Nn）国家利益实现情况进行横向比较。在该国际公共产品出现之前，所有国家利益都处于稳定的原始状态，即 $B_{(N1)}^{0}=B_{(N2)}^{0}=B_{(Nn)}^{0}$，而国际公共产品（P）出现后，由于国际公共产品公利性和非排他性的存在，$B_{(N2)}^{p(-n1)+n2}=B_{(N1)}^{p+n1}>B_{(N1)}^{p(-n1)}$。在各国相对利益比较中，在N1不打算参与国际公共产品的情况下，$B_{(N1)}^{0}$ 可能是其最优结果。但由于N1作为单个国家不能阻止该国际公共产品P的出现和成长，所以对于N1而言 $B_{(N1)}^{0}$ 在现实中无法实现。为了避免最劣选择（$B_{(N1)}^{p(-n1)}$）的出现，N1只有做出次优选择（$B_{(N1)}^{p+n1}$），即选择主动参加该国际公共产品。所以，国家加入某个国际公共产品的动机不一定是国家利益的最优化，而是为了避免国家利益最劣化情况的出现。这种次优选择归根结底是由国际公共产品利益供给的非竞争性和体系的开放性决定的。由于“最优选择”无法实现，体系外的国家为了避免陷入利益最劣化的境地而主动选择加入其中，即选择了“次优方案”。由此，采纳次优方案而选择加入该国际公共产品的新成员们促成了该国际公共产品自身的扩展。[①] 以北美自由贸易协定（NAFTA）的扩展为例。1989年，美国和加拿大之间签订了《美加贸易和投资协定》(*Canada-U.S. Trade and Investment Regime*)，在短短不到五年时间里，该双边协定就成长为多边的北美自由贸易协定。“如果可能使美洲回到美加协定之前各自施行国家保守贸易政策的状态，墨西哥的政治精英们会为此不遗余力地做出最大努力。(但事实上他们无法做到）无奈之下，他们选择加入其中。”[②] 因为如果不加入，美国和加拿大之间签订的《美加贸易和投资协定》会赋予加拿大比墨西哥更多的对美国出口商品的优惠，墨西哥会在对美贸易出口中处于劣势。在加拿大方面也是一样。克雷蒂安（Chrétien）政府本来是反对自由贸易制度的，但由于“担心他的南方邻居们会（取代加拿大）成为美国主导的贸易体系中的核心成员，”[③] 他最终选择签订了《北美自由贸易协定》。同样，就如最初美加之间的协定使墨西哥别无选择一样，范围更为广阔的北美自由贸易协定也使其他美洲国家感到了压力。为了避免成为被美洲抛弃的人，他们纷纷积极要求加入北美自由贸易协定。牙买加工业投资和商业部长说：“我们所要求的不过就是与墨西哥处于竞争中的同等地位……我们并不是要分得利益，而只是要求不要剥夺我们从美洲统一市场获益的机会。”[④] 由此可见，这些国家争先恐后加入北美自由贸易协定的原因不是该协定本身的功效性，而是由于该协定给各参与国提供了避免陷入最劣境况的次优选择功能。[⑤] 正是这种次优选择功能使北美自由贸易协定的成员国数量迅速增长。欧盟的成长也是如此。

① 劳埃德・格鲁伯从博弈论的角度得出了同样的结论，详见 Lloyd Gruber, p. 47。

② Ibid. p. 122.

③ Ibid.

④ Rohter Larry, “Backlash from NAFTA Batters Economies of the Caribbean,” *New York Times*, January 30, 1997, A1.

⑤ 关于北美自由贸易协定对世界经济模式的影响可参考 Lloyd Gruber, “NAFTA and Beyond: Is Free Trade Contagious?”, pp. 122-167。

小　结

本章从四个方面分析了国际公共产品的软权力价值：国际公共产品具有提供需求满足的功效价值；国际公共产品具有合法性价值；国际公共产品的规则和制度对国家利益分配有决定权；国际公共产品的产品性和公共性使其本身具有增值价值。因此，国际公共产品不仅仅是一项国际合作产品，而是具有深刻权力内涵的国际软资源，对个体国家利益的实现和国家间关系有重大影响。一个国家是否是国际公共产品的提供者，在国际公共产品的规则和制度体系中有何种影响力，这些要素不仅决定着国际公共产品公利性的实现而且对国家利益的实现有长远而深刻的影响。

第3章

软权力途径一："研发"国际公共产品——以美国创建关贸总协定为例

第二次世界大战结束后国际格局发生了深刻变化，一个显著的特征就是以国际机制和国际组织为代表的国际公共产品大量涌现。为什么在这个时期国家会主动提供大量的国际公共产品呢？首先，二战后国际一体化程度的加深是国际公共产品大量出现的前提。根据本书的基本假定，在国际无政府状态下的国家行为取决于国家利益需求，即国家提供国际公共产品的行为是国家利益导向的结果。国家提供国际公共产品有二个基本前提：国家利益外溢到国际层面；不同国家有共同的利益诉求，即国家利益的互嵌性和公共性是国际公共产品产生的前提。其次，国家间的相互依赖和大量国际公共利益的出现使国家采用单边暴力手段不能实现预期的国家利益，只有采用国际合作的途径。在此时期国际公共产品的大量出现就是国家互利合作的结果。那么，国家如何通过提供国际公共产品实现自身利益呢？国家提供国际公共产品可以有两种方式，一种是"研发"，即生产一个新的国际公共产品；另一种是"参加"，即参加现有的国际公共产品的提供和使用。此两种方式都可以使国家通过获取国际公共产品的软权力而增加本国软权力。通过比较"研发"和"参加"两种途径可以发现，前者可以更好地实现国家利益，因为国家可以在没有任何束缚的情况下通过设计国际公共产品的规则体系从而最大限度地实现本国利益。在国际权力结构中的优势国家通常会采用第一种方式来保障本国利益的实现。美国对世界银行、国际货币基金组织和世界贸易组织（前身为关贸总协定）等国际公共产品的“研发”就是美国获取国际软权力的典型案例。

在国际权力结构中处于相对弱势的国家则会采用“参加”的方式加入国际公共产品的公共提供和消费。尽管没有能力通过“研发”公共产品获得规则制定的话语权，由于国际公共产品的公共性和开放性，相对弱势的国家可以“加入”已经建立的国际公共产品，分享其软资源价值从而服务本国利益。本书在第三章和第四章分别以美国和中国对关贸总协定和世界贸易组织这两个国际公共产品的提供为案例，分析美国是如何通过“研发”，中国如何通过“参加”来获取国际层面的软权力。

国家和国际公共产品之间的权力互动关系如下图（图5）所示：

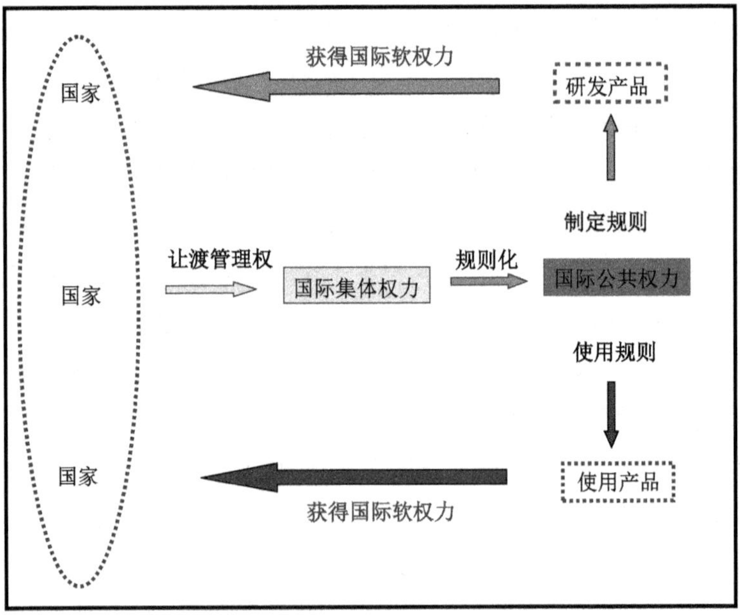

图5　国家和国际公共产品之间的权力互动关系图

从国际权力变化的角度看，国际公共产品数量的增多和功能的增强没有改变国际无政府的本质特征。对于国际权力结构中的优势国家而言，国际机制和组织的出现不但没有削弱国家权力反而对其权力有所增强，因为“国际机制的设计不仅产生权力而且还会强化已有的权力结构。”① 生产国际公共产品的大国通常会凭借其强大的国家实力控制谈判进程并塑造规则，以本国利益观和价值观为基础引导国际共识的形成，从而为本国利益获得国际法理化和机制化保障。本章以美国创立关贸总协定为例从四方面分析国际社会中的大国如何通过“研发”国际公共产品获取国际软权力。

第一节　启动合作——获取功效性软权力

美国建立国际公共产品是其国家利益的驱动和需要。20世纪以来，科技进步极大提升了人类的活动能力和活动空间，各种资源要素在地区和国家间更加复杂和频繁地流动，国家与国家之间不再是彼此独立的孤岛而是复杂的立体网络中的节点。在这样复杂的相互依赖中，国家利益突破了地理疆界和主权概念。国家利益的外溢和重叠为国际公共产品的产生提供了条件。国家必须通过国际合作才能充分实现各自的利益，例如打击国际恐怖主义、国际流行病防治、大气污染治理等国际公害的治理。其中，“霸权国在提供使机制能够正常运作的集合产品的方面发挥了关键作用。霸权国提供这些产品不是出于对提高公共福利的关心，而是因为这些机制可以给自己的国家带来更多的益处。”② 美国在二战结束以后成立关贸总协定的目的就是为了在世界内获得更大范围的市场，以促进本国自由贸易发展。判断关贸总协定是

① Alexander Wendt, “Driving with the Rearview Mirror: On the Rational Science of Institutional Design,” *International Organization*, Vol.55, No.4, 2001, pp. 1019-1049.

② Robert O. Keohane, “The Theory of Hegemonic Stability and Changes in International Economic Regimes, 1967-77,” in Ole R. Holsti et al., eds., *Changes in the Internatinoal System*, Boulder: Westview, 1980.

否是美国国家利益，可以从美国建立关贸总协定的初衷和关贸总协定带给美国的利益回报两个方面进行考察。

一、美国国家利益的国际诉求

美国建立关贸总协定是出于自身安全利益的考虑。美国认为，自由贸易的发展会促进各国经济繁荣，国家经济繁荣则有利于世界和平的维护，进而美国的安全也就有了保障。科德尔·赫尔（Cordell Hull）[①] 在1937年曾说："我坚信国家之间持久和平的福祉与贸易在世界范围内最大限度的自由流动、国家间的友善、公正、和平等密不可分。"[②] 在国际无政府状态中，安全利益始终是国家的根本利益。虽然美国没有在两次世界大战中遭受重大战争损失，但二战短暂的参战经历和战后欧洲和亚洲的惨景使美国对本国安全利益极为重视。战争是没有国界的，一旦在世界范围内爆发大规模战争，美国很难独善其身。因此，美国一直在积极思考如何避免大规模战争悲剧的重演。当时很多分析人士认为，从一战结束和二战爆发这段时间里，欧洲各国经济发展严重失衡，这是第二次世界大战爆发的根本原因。20世纪30年代的经济大萧条、一战以后欧洲战胜国对德国过于严厉的经济制裁和欧洲国家彼此间的高关税贸易壁垒等贸易保护主义政策的盛行导致了欧洲国家之间经济的恶性竞争和发展失衡，埋下了第二次世界大战的导火索。因此，通过实行自由贸易实现国家经济的共同良性发展，是避免国家间大战爆发的有效手段。

虽然第二次世界大战的爆发与欧洲的贸易保护主义密切相关，但二战结束后欧洲各国的保守经济模式并未因此而发生根本改变。二战结束以后，欧洲各国经济发展缓慢。美国认为，欧洲的保守经济模式

---

① 尽管Cordell Hull在1944年11月就已退休没能亲自参加GATT的成立，但其担任美国国务卿期间对美国外交政策的影响奠定了美国制定GATT时的基本立场和原则。

② Dam Kenneth W. *The GATT: LawandInternationalEconomicOrganization*, Chicago: University of Chicago Press, 1970, p.12 转引自 Douglas A. Irwin, Petros C. Mavroidis, Alan O Sykes, *The Genesis of the GATT*, Cambridge: Cambridge University Press, 2008, p. 10。

不仅不利于欧洲经济复苏，而且存在潜在再次爆发战争的风险。高关税壁垒和贸易保护主义会加剧国家间经济发展的不平衡，从而诱发经济弱势国家采用战争方式摆脱其经济困境，因为"在某种程度上国际冲突的本质是经济的冲突"[①]。因此，建立自由贸易制度促进资源要素在国家间自由流动，从而促进各国自由经济共同繁荣，能够在根本上消除战争隐患。美国创立关贸总协定的根本目的实际上是通过经济共同繁荣而实现共同安全。

二、美国利益观的国际制度化

美国从两次世界大战的惨痛教训中意识到，世界和平与每个国家的安全利益都息息相关，而经济共同繁荣是实现世界和平的关键。科德尔·赫尔在他的回忆录中写道："当1914年战争开始的时候，我清楚地意识到了两件事……其一是商业的发展与战争和平密不可分；其二是战争经常由不公平的经济竞争引起……从那时起，（我就认为）不受羁绊的自由贸易是和平的代名词；而高税收、贸易壁垒和不公正的经济竞争与战争等同。"[②] 建立在"比较优势"理论基础上的自由贸易制度不仅可以通过商品和资本的效益最大化而帮助各国实现共同繁荣；而且各国在密切的贸易交往中还可以形成彼此紧密关联的利益共同体和价值共同体；同时，自由贸易要求的信息公开透明会大大减少囚徒困境，从而降低国家间发生冲突和摩擦的风险。美国认为自由贸易制度可以促进和平的论断极大加强了美国建立关贸总协定的决心。为了说服欧洲各国特别是英国降低关税，美国做了种种努力和让步。"美国之所以在经济问题上做出让步，其重要的政治动机就是世界和平，具

---

① Douglas A. Irwin, Petros C. Mavroidis, Alan O Sykes, *The Genesis of the GATT*, Cambridge: Cambridge University Press, 2008, p.2 5.

② Cordell Hull, *The Memoirs of Cordell Hull*. Vol. 2, London and New York: Macmillan,1948, pp. 81-84转引自Douglas A. Irwin, Petros C. Mavroidis, Alan O Sykes, *The Genesis of the GATT*, Cambridge: Cambridge University Press, 2008, p. 9。

体说就是美国认为贸易的繁荣可以减少国家间的冲突。"[①] 在美国的努力下，其最主要的盟友英国终于同意在保留其殖民地内部"特惠体系"（preferential system）的条件下减低关税，关贸总协定的各项规则和制度都是美国主导下的自由贸易观的具体体现。

三、国际公共产品中的美国国家利益

美国建立关贸总协定的基本逻辑思路是：美国的国家利益已经扩展到国际层面，只有整个世界是和平的美国才是安全的，世界和平的实现很大程度上取决于各国经济是否能够共同繁荣，各国经济的共同繁荣只有通过公平、透明的自由贸易制度才能实现，即自由贸易制度能够产生经济共同繁荣，经济繁荣才可能实现世界和平，只有世界是和平的美国才是安全的。由此看来，美国国家安全利益的实现必须通过关贸总协定（后演变为世界贸易组织）[②] 框架下各国经济的共同繁荣实现，即通过关贸总协定使成员国经济得到共同发展是美国建立关贸总协定（世界贸易组织）的直接目的，也是关贸总协定作为国际公共产品其功效价值的检验标准。

关贸总协定的建立是否对成员国的经济产生了促进作用？在众多的研究中韩国学者金素恩（Soo Yeon Kim）的定量分析很有代表性。他设计了一组量表测量了关贸总协定和世界贸易组织对成员国贸易发展的促进作用。[③] 在此项研究中，金素恩把世界贸易组织的成员身份[④] 具体分为"既有成员"、"先期加入者"和"后来者"三种，分别分析

---

① Arthur A. Stein, "The Hegemon's Dilemma: Great Britain, the United States, and the International Economic Order," *International Organization*, Vol. 38, 1984, pp. 355-386.

② 虽然1995年1月1日以后关贸总协定（GATT）被世界贸易组织（WTO）取代，但其宗旨、原则和制度框架等都被世界贸易组织承袭下来，是具有更高国际法法律效力和权威性的关贸总协定的升级版产品，而且世界贸易组织也是美国霸权主导下的产物，所以这里把二者放在一起分析。

③ 量表及具体分析见附录。

④ 此测量中的自变量是WTO的正式成员国（主权国家）身份（具体为"既定成员"、"先期加入者"和"后来者"，"工业化国家"和"非工业化国家"）。他变量是两个国家之间的进出口贸易额。（A国从B国的进口贸易额及B国从A国的进口贸易额）。贸易额的具体数值根据IMF's Direction of Trade Statistics基础上换算成的美元。数据的有效时间是1948到2004年间的贸易额。

了世界贸易组织对这三类成员其国家经济和贸易发展的影响。"既有成员"指乌拉圭回合之前原关贸总协定的成员国（在1947—1986年间加入关贸总协定的国家）；"先期加入者"指在乌拉圭回合中和世界贸易组织成立后的第一年内加入世界贸易组织的国家（1986—1995年）；"后来者"指在1996年或其后经过更加严格的准入机制加入世界贸易组织的国家。[①] 该研究中还设定了一些虚拟变量以使研究结果更加清楚。[②] 为了进行更准确的测量，金素恩的量表还引入了其他四种世界贸易组织的身份划分以方便进行横向比较。[③]

通过几个量表的分析比较，金素恩得出结论：关贸总协定及世界贸易组织对所有成员国的贸易都有积极的促进作用，其作为国际贸易领域的国际公共产品的功效价值是显而易见的。而且，其功效价值成递增状态，即世界贸易组织对后来加入的发展中国家（"先期加入者"和"后来者"）的贸易发展有更大的促进作用，其中对"后来者"的作用最为明显。具体来讲，对程序和准入要求比关贸总协定更加严格的世界贸易组织框架下的"后来者"而言，其贸易增长水平达到了24.61%—26.3%，其平均水平高于"既有成员"（4.71%—11.18%）和

---

① 之所以以1995年为界把后来加入GATT（WTO）体系的发展中国家划分为"先期加入者"和"后来者"是因为在乌拉圭回合谈判（1986—1994年）期间和WTO成立的第一年（1995年）间加入GATT或WTO的国家都只需遵循GATT的申请程序（比WTO简单得多），并且可以获得"least developed country" status而享受优惠待遇，而且还可以在WTO没有正式成立之前参与制定WTO规则。1996后加入的发展中国家不仅要通过更加严格的申请程序（必须改革国内的机制以符合WTO的要求），对WTO规定的责任也必须全面接受，不再可能获得GATT框架下给予的"最不发达国家"的优惠政策。所以虽然都是发展中国家，但加入时间不同GATT（WTO）对其国内制度的影响是截然不同的，所以要把他们分别归类。

② 如果两个国家同属一个贸易特惠区或同一货币区则其测量数值为1，否则为零；如果一个国家是联合国贸易和发展会议（UN Conference on Trade and Development）规定的普遍优惠制体系内的（Generalized System of Preferences）贸易特惠国，则其测量数值为1，否则为零；如果两个国家在"政体IV"民主指数体系的得分为6分以上，则其测量数值为1，否则为零；如果两个国家是同一联盟成员或一个国家是另一个国家的前殖民地，则其测量数值为1，否则为零。

③ 第一种以国家官方加入GATT（WTO）的时间为依据，得出的结果是GATT有23个创建国。第二种是罗斯（Rose）2004年提出的把正式成员国的殖民地也计算在内，得出的结果是GATT有32个首批缔约方。第三种是汤姆斯（Tomz）、戈德斯坦（Goldstein）和里弗斯（Rivers）2007年提出的把GATT身份的实际享有者（包括已经申请并已暂时取得GATT身份的国家和殖民地）都计算在内的方式。第四种是格瓦（Gowa）和金（Kim）在2005年提出的把前三者综合在一起（正式成员、实际地位获得者、临时成员）并把非主权国家的经济实体也计算在内的计算方式。

"先期加入者"（0.51%—33.11%），是世界贸易组织机制内最大的受益者。"后来者"在世界贸易组织中进出口贸易增量最大的国家。无论是在"后来者"之间，还是在"后来者"与"既定成员"之间，或"后来者"与"先期加入者"之间，其贸易增量都比加入世界贸易组织之前有大幅度提高（35.12%—93.09%）。"既定成员"之间，"既定成员"与"先期加入者"之间或"既定成员"与"后来者"之间贸易额的增量也很显著（7.79%—37.30%）。另外，同一个货币区两个国家间的贸易额要比非同一货币区的高出57%；同一经济特惠区的两个国家间的贸易额要比非同一经济特惠区高出20%；都是民主政体的两个国家间的贸易额要比非民主政体或一个国家是民主政体而另一个国家不是民主政体的情况高出26%—28%。

金素恩认为，"后来者"所以成为世界贸易组织的最大受益者，是因为作为国际公共产品的世界贸易组织的效率比原来的关贸总协定的效率要高。世界贸易组织不仅要求申请加入的国家进行"边界线上的关税减让"，还要求其进行更深刻的"边境线后的改革"，即制定和修改本国法律使之与世界贸易组织的规则体系一致。这是做为关贸总协定的初级国际公共产品升级版的世界贸易组织自身在功能性、合法性、制度性及增值性等各项软资源价值的成长的体现。"后来者"根据世界贸易组织严格的规则体系改革其国内立法和有关的规则体系，由此极大减少了世界贸易组织新成员国与原有成员国之间贸易活动的摩擦和矛盾，具有更高的效率性与权威性。相比之下，在乌拉圭回合和1995年间加入世界贸易组织的"先期加入者"们，他们在这期间加入关贸总协定是因为当时给发展中国家许多特殊的优惠政策。虽然这些国家看似以更低的成本加入了世界贸易组织，但由于他们本身在规则和制度等国内基础方面没有做好充分的准备，国内的法律和制度有很多与世界贸易组织的规则相矛盾，反而导致了其加入世界贸易组织后的相对"低效率"。所以尽管"先期加入者"比"后来者"享受了更多的优惠政策，但"后来者"却比"先期加入者"能够在更大程度上获得世界贸易组织的功效价值。

关贸总协定（世界贸易组织）不仅促进了各成员国之间自由贸易

的共同发展，实现了美国建立该国际公共产品的初衷，而且在关贸总协定形成的过程中还衍生出了很多具有高度国际公利价值的副产品，其中比较典型的是具有国际法性质的"争端解决机制"、统一的世界市场和稳定的国际经济秩序。这些国际公共产品副产品的出现不仅再次证明了关贸总协定的国际软资源价值，而且进一步增强了其本身的功能性。

首先，"争端解决机制"有效解决了国家间的贸易纠纷，降低了国家间的合作成本。作为国际多边组织，关贸总协定（世界贸易组织）的权力来自于各成员国的主权让渡，在主权让渡基础上形成的国际公权对全体成员有同等的法律效力。尽管各成员国试图通过各种手段避免关贸总协定（世界贸易组织）对本国造成不利（例如美国为保住本国的农业利益迫使世界贸易组织接受其"农业免责条款"），但关贸总协定（世界贸易组织）作为独立的国际法人对其成员国的行为有广泛的法律约束力。争端解决机制就是典型代表。统计表明，关贸总协定框架下的争端解决机制（DSM）十分有效，争端解决机制在1948—1989年间对贸易纠纷处理的成功率达到了88%。如此高的成功率"即使不能说是绝无仅有的，在国际司法实践中也是非常少见的"[①]，已经成为"国际经济外交中比重不断增加的重要组成部分，是世界贸易组织官员和外交人员的骄傲。"[②] 作为国际贸易多边协调机制，关贸总协定本身的功效性和法律效力也随着该国际公共产品的成长而不断增强。关贸总协定成立之初，只是一个贸易磋商和互减关税的松散多边协定。随着《服务贸易总协定》（GATS），《与贸易有关的知识产权（包括假冒商品贸易）协议（草案）》（TRIPS）等机制的相继出现，关贸总协定的国际地位和功效不断提升。继关贸总协定之后出现了功能更完备的世界贸易组织，成为全球贸易规则的主导者和贸易纠纷的裁判员，其权威性远远超过了最初的关贸总协定。

其次，自由贸易的发展促成了统一的世界市场的形成。发展自由

---

① John Jackson, p. 118.

② Ibid. p. 126.

贸易需要开放的市场，而二战以后的欧洲依旧奉行19世纪初的高税收贸易保护政策，无法形成统一开放的市场。在两次世界大战期间的20世纪30年代，经济危机曾使欧洲试图建立某种贸易合作机制，但最终没有成功。此举的直接后果是形成了以几个主要工业国家为核心的区域性贸易集团，例如以英国和其海外殖民地为主的“帝国特惠制体系”（Imperial Preference System）、以德国为核心的由奥地利、保加利亚、希腊、罗马尼亚、匈牙利、土耳其、南斯拉夫等国组成的“帝国马克货币区”（Reichsmark Bloc）；包括澳大利亚、丹麦、芬兰、爱尔兰、新西兰、挪威、葡萄牙、瑞典等与英国挂钩的“英镑集团”（The Sterling Bloc）；包括法国、比利时、瑞士、荷兰、波兰等的“金本位国家集团”（Gold Bloc）等。① 这些地区贸易集团和壁垒的存在限制了欧洲开放和统一市场的形成，使美国在1929到1933年间向欧洲出口的比重从15.6%降到了10.3%②。出口额度的下降是美国1934年《互惠贸易协定法》（*Reciprocal Trade Agreements Act*，简称RTAA）出台的直接原因。20世纪中期，随着自由贸易的发展，美国和欧洲都“迫切希望通过更加自由的贸易制度获得更广阔的市场”③。关贸总协定的建立为美国贸易的扩展提供了广阔前景，在1960年后的40多年中，更加开放的世界市场使美国的出口贸易从国内生产总值的7%增长到20%；欧洲增长的幅度更大，从30%提高到50%。④

第三，自由贸易的充分发展形成了稳定的国际经济秩序。二战后，美国强大的经济实力无人可及，其生产总值占世界总产值的三分之一，工业产品占世界总产品的二分之一。⑤ 为了将优势保持下去，美国需要建立一套国际机制使美国的利益观和价值观在国际层面合法化和制度化，以此保证美国可以长期获利。塑造并提供以美国利益观和价值

① 具体见Soo Yeon Kim的分析，p. 88.

② Soo Yeon Kim, p. 88.

③ John Gerard Ruggie, “International Regimes, Transactions, and Change”, in Stephen D. Krasner, ed., *International Regimes*, Ithaca and London: Cornell University Press, 1983, p. 210.

④ Cautam Sen, “The US and the GATT/WTO System,” in Rosemary Foot et al., eds., *US Hegemony and International Organizations: the United States and Multilateral Institutions*, p. 122.

⑤ Soo Yeon Kim, p. 26.

观为基础的国际公共产品就成为美国的战略选择。关贸总协定（世界贸易组织）就是这样的工具性国际组织。"主要供应商"原则、"最惠国待遇"、"国民待遇"和"争端解决机制"等规则都是美国国家利益和意志的体现。在国际公共产品框架内，美国主导的规则体系随着国际公共产品的成长其效力和影响不断增强，最终成为指导世界贸易活动的规范和准则。作为国际秩序的设计者，美国是最大的受益方。所以"关贸总协定最主要的政治目的不是使各参与国及其国民的福利最大化"，而是"通过建立'良好行为'的规则和纠纷解决机制实现国际秩序的稳定。"①

四、关贸总协定（世界贸易组织）的最大受益者

虽然美国通过建立关贸总协定在国际层面提供了公利性产品，但各个国家从中受益的程度各不相同，美国无疑是最大的获益方。卡拉·诺勒夫（Carla Norrlof）曾指出："认为美国独立提供了一系列惠及全体国际社会成员的国际公共产品，这个想法纯粹是幼稚的幻想。美国的本质是自私的，不是大公无私的。持此种这种天真幻想的人没有注意到，美国从其推动建立的开放市场中获得了最大比例的收益。"② 诺勒夫曾非常直接地评价美国从国际机制中的获利行为，"我的观点是美国不仅从其霸权国的地位中获利，而且其获益与其投资不成比例（所获利益远远超出了投资的成本），而且这样的机制还可以使其高比例的获利一直持续下去。"③

虽然关贸总协定通过削减关税等措施促进了各国贸易发展，提高了人民生活水平，但每个国家的受益程度却很不相同。美国是最大的

---

① Douglas A. Irwin et al, p. 188.

② Carla Norrlof, *America's Global Advantage: US Hegemony and International Cooperation*, New York: Cambridge University Press, 2010. p. 3, (introduction).

③ Carla Norrlof, p. 5.

受益者，其次是其欧洲盟友，发展中国家获利最少。[①] 据统计，1955至1973年间世界贸易增长的三分之二来自西欧和北美。[②] 关贸总协定的争端解决机制被证明是十分有效的国际机制。但即便如此，该机制“对强国利益的保护也胜过对弱国的保护——无论在申诉成功案件的数量上、争端解决的实际效果上还是在申诉被成功执行的程度上——此论断在各个方面都得到了证明。”[③] 根据约翰·杰克逊的统计，在关贸总协定的纠纷解决机制中，美国主动起诉的案件占全体案件总数的30%，欧共体成员国起诉的案件占35%，大多数的纠纷案件都发生在美国和欧共体国家之间。[④] 利用反倾销法来维护自己国家利益的案件当中，数量最多的也是欧美国家（美国、加拿大、澳大利亚、欧盟）。[⑤] 再者，关贸总协定的主要规则（“主要供应商”原则、“最惠国待遇”、“对等互惠原则”、“逐项讨论”谈判规则等）就是来欧美国家的国内法律或贸易规则，其内容和宗旨自然对其来源国的国家利益最为有利。第三，欧美国家在具体规则运用方面也比发展中国家更有优势。关贸总协定（特别是世界贸易组织）是极其复杂的国际法律和规则体系，其具体规则、协调机制、谈判方法、历史判例等知识体系的单个文本就可能有几百页甚至几千页之多，某个具体贸易条约的谈判或纠纷的解决通常需要多个小组进行旷日持久的多轮谈判，这样复杂的工程必须有大量专门人才和外交人员通力合作才能完成。美国因其国内法律体系与关贸总协定规则体系同出一辙而享有天然的便利，其强大的财力和人力资源使其可以在各种谈判取得优势。而最需要获得世界贸易组织帮助的发展中国家，往往由于经费和人才不足在谈判中长期处于被动和劣势，无法充分利用世界贸易组织提供的制度性权力

① Soo Yeon Kim在*Power and the Governance of Global Trade: from GATT to the WTO*一书中对GATT的利益的不均衡分配做了详细的量化研究，得出的结论是工业化国家比发展中国家从GATT中获得了更大的收益，而美国、英国、德国、法国、加拿大五个最主要的工业国（都是欧美国家和美国的盟友）从GATT中获益最大。

② John Gerard Ruggie, “Internatinoal Regime, Transactions and Change,” in Stephen D. Krasner, ed., *International Regime*, p. 214.

③ John Jackson, p. 118.

④ Ibid. p. 120.

⑤ Ibid. p. 258.

价值维护自身利益。

第二节 制定规则——获取制度软权力

虽然国际公共产品的基础是国际公共利益和公共意志，但该公共性不是来自国际政府，而是来自彼此独立的主权国家。因此，以权力为基础的现实政治决定了不同成员在该国际公共产品规则制定和执行方面的不同话语权和影响力，即大国拥有强势话语权。美国作为世界唯一的超级大国，一直主导着国际规则的制定。"二战后世界主要的国际机制——联合国、世界银行、国际货币基金组织、关贸总协定——都反映了美国作为中心决策者的价值观。"[①] "二战后国际贸易的根本原则——无条件最惠国待遇和各种保障机制——都出自美国的国内实践。尽管其合理性非常脆弱，但由于美国的支持就成了世界的通行规则。"[②]

国际公共产品的国际规则和规范并非天然存在，而是人主观意识的产物，反映了主要设计者的利益观和价值观。在全球化时代，谁掌握或主导了国际规则的制定，谁就获得了国际软权力。关贸总协定有23个原始缔约方，但美国凭借其绝对的国家实力单方面主导了有关规则制定的谈判，"其他的国家不过是'在罗马法庭的希腊人'"[③]。在几乎所有关贸总协定的规则制定中，都可以找到美国的影子。其中一些主要规则就是美国国内规则的国际化。"作为关贸总协定的创建国，美国使他能够按照自己国内贸易法的模式塑造关贸总协定的机制。通过这样的方式，美国建立了永久性的安全通道，保证了其国内各种条约的内容和原则与国际规则相符。当其他国家由于国际机制与本国规则

① Krasner, preface, *International Regime*, in Stephen Krasner, ed., p. vii.

② Gautam Sen, "The US and the GATT/WTO System," in Rosemary Foot et al., eds., *US Hegemony and International Organizations: the United States and Multilateral Institutions*, p. 116.

③ Rorden Wilkinson, *The WTO: Crisis and the Governance of Global Trade*, London: Routledge, 2006, p. 23.

体系不符而选择退出时，美国却可以借助国内贸易法与国际贸易法的统一，使本国开放的市场如灵活的旋转门一样在国际和国内层面自由转换。”① 美国通过六个主要的规则获取了关贸总协定的制度性软权力。

一、对等互惠原则

对等互惠原则（Reciprocity）虽然在名义上赋予了各国贸易活动的对等报复权力，但由于各国实力不同，每个国家能够实现的实际报复能力和威慑力是不同的。美国作为世界最大的贸易国无疑拥有最强大的贸易报复能力，所以此原则的制定对美国最为有利。在20世纪初，美国国内曾实行严格的贸易保护政策，《1922年福德尼—麦坎伯关税法》（*1922 Fordney-McCumber Act*）是当时贸易保护主义的典型代表。20世纪30年代的经济大萧条使美国深刻意识到贸易保护主义的弊端和自由贸易的重要性。1934年，美国通过了《互惠贸易协定法》，这是美国对外贸易政策导向的历史性改变②。这是美国国会历史上第一次授权行政部门对关税进行限制，但同时要求美国政府不得单方面或以其他形式对所有关税进行全面削减，而且贸易协定必须在双边条件下进行，以保证美国在对等报复原则中享有最大的优势。由此，逐项讨论（item-by-item）和双边原则就成了美国对外贸易谈判的根本原则。美国在1934年通过首个《互惠贸易协定》（*Reciprocal Trade Agreements Act*）后，在之后的11年间（1934—1945）与他国共缔结了32个《互惠贸易协定》。这些《互惠贸易协定》的具体内容构成了关贸总协定主要条款的前身。③ “关贸总协定的条款规定，各缔约方不得有阻碍自由贸易的行为。这些条约是美国双边条约的继承和发展，旨

① Carla Norrlof, p. 97.

② Stephan Haggard, “The Institutional Foundations of Hegemony: Explaining the Reciprocal Trade Agreements Act of 1934,” *International Organization,* Vo.42, No.1, 1988, pp. 91-119.

③ 具体见Rhodes Carolyn, Reciprocity, *U.S. Trade Policy, and the GATT Regime*, Ithaca: Cornell University Press, 1993。

在监督各国履行降低关税的义务。"[①] 美国在关贸总协定规则制定中承袭了《互惠贸易协定》的双边原则和"逐项讨论"原则，尽管在日内瓦谈判中其他国家试图对此进行改变，但美国单方面的坚持取得了胜利[②]，这些原则在美国的推动下最终成为关贸总协定贸易谈判的基本准则。美国作为世界最大的市场经济体，其对等报复能力在双边框架下比在多边框架下具有更大的实际报复和威慑效果，而其逐项讨论的谈判方式对其国内企业也更为有利。

二、主要供应商原则

以双边谈判为基础的"主要供应商"（Principal Supplier）原则是关贸总协定贸易谈判的基本原则，其基本原理和实践源自美国的《互惠贸易协定》。"主要供应商"原则规定：针对某项进口商品，一国只与该商品的主要供应商确定关税减让幅度，同时根据互惠原则要求对方对本国出口到该国的主要商品进行相应的对等关税减让。[③]

在国际多边贸易中，"主要供应商"原则最大的优点就是保证了谈判效率并有效解决了最惠国待遇导致的"搭便车"问题。首先，双边框架内的"主要进口商"和"主要出口商"之间的贸易谈判避免了多边谈判的议题分散、各国利益掣肘等问题的出现，可以高效地对特定商品达成双方都认可的互惠性共识。同时，在保证最大贸易国利益的情况下，此原则还防止了非主要供应商根据最惠国待遇在自身不提供任何关税减让的情况下单方面享受他国提供的进口关税减让情况的出现，减少了搭便车情况。"主要供应商"原则既保证了一定的效率性，又体现了关贸总协定的"互惠性"和"非歧视"的基本价值理念。

虽然"主要供应商"原则在一定程度上降低了合作成本，但并非

---

① John Jackson, p. 37.

② Putnam, R. D. "Diplomacy and Domestic Politics: The Logic of Two-Level Games," *International Organization*, Vol. 43, No.3, 1988, pp. 427-460.

③ GATT文本中并没有明确规定"主要供应商"原则是关税谈判的基本方法，但在第二十八条中规定了它是关税重新谈判的基本原则。

所有成员都是该原则的同等受益者。在此原则下，关税减让的谈判权都集中在生产同类商品的贸易大国手中，贸易小国不具备左右谈判结果的能力。在这个意义上，“主要供应商”原则本身就是不平等贸易的表现。在关贸总协定首批23个缔约国中，作为“主要供应商”的发达国家的贸易额占到全体成员国贸易总额的四分之三强。这些国家多数是在遏制苏联势力扩张和恢复欧洲经济活力等方面对美国有重要战略价值的欧洲国家。根据统计，此贸易原则的五个最大受益国都是西方发达工业国家，分别是美国、英国、加拿大、法国和日本，① 因为“市场的大小决定一切”。

三、例外条款

为了保证本国利益免受进口贸易的不利影响，美国以国内贸易实践和相关贸易规定为蓝本塑造关贸总协定的规则体系，把国家法律上升为国际法。源于美国国内法《互惠贸易协定》中的“例外条款”（Escape Clause Legislation）（关贸总协定第十五条），就是美国把国内法变为国际法从而在国际层面维护本国利益的典型案例。美国通过对等互惠等原则建立了稳定的国际贸易秩序，但严格的规则是把双刃剑，很多规则在规范他人行为的同时对美国自身的行为也构成了限制。为了避免关贸总协定成为美国实现自身利益的羁绊，美国在放开进出口贸易的同时制定了严格的例外条款，以使本国企业在特殊情况下有合法的退路。杜鲁门总统接受了参议员万登伯格·米利金（Vandenberg Millikin）的建议，建立了专门的行政部门和机制以受理本国企业因外国企业降低关税对遭受伤害的案件。该条款规定：在美国就某个产品和另一方已经签订的贸易协定中，或由于某种不可预见的原因，或在该产品数量急剧增多的情况下，或该产品以任何方式使美国国内生产类似产品的厂商遭受严重的损害或面临严重损害的危险，美国都可以保留退出或修改其关税减让的权力，此权力在将来美国签订的所有

---

① Soo Yeon Kim对GATT（WTO）各主要参与国的贸易情况进行了定量分析，得出此结论。

贸易协定中都适用。[①]"例外条款"本是保护美国国内企业利益的国家贸易法条，但在美国的努力下却成为关贸总协定规则中的一个重要部分。[②]

"例外条款"的制定是美国基于国际国内政治前景的不确定性在关贸总协定机制框架内对其国家利益进行维护的保护性条款。两次世界大战的阴影、贸易保护主义和自由主义之争使关贸总协定的缔约国对国际社会的前景充满担忧和迷茫，未来前途的不确定性是关贸总协定缔约方共同的担忧和隐患。美国作为世界的最大自由贸易体，对这种不确定性有着更大的担忧。美国国内三权分立的政体也是美国政治不确定性的一个结构性因素。一项国际法规在美国产生效力，不仅需要美国政府的同意更需要获得美国议会的批准。一项提案即使通过美国代表艰苦的谈判得以被关贸总协定接受，该提案也可能由于美国议会的反对而夭折。构成关贸总协定规则重要来源的美国国内法《互惠贸易协定》就经历了国内政治不确定性的磨难。由于《互惠贸易协定》不是永久性法律，其法律效力必须经过国会定期授权才能够延续。从1934年到1945间，《互惠贸易协定》通过了国会三年一次的延续，保持了其法律效力（其中1943—1945年是两年）。1945年，国会虽然再次把《互惠贸易协定》的效力延长到了1948年，但出于对二战后国际局势和自由贸易后果不确定性的担心，国会还是极力要求政府出台独立的法规，保护本国贸易免受进口商品冲击。在此背景下，杜鲁门总统根据1942年美国—墨西哥《互惠贸易协定》的基本原则制定了对所有《互惠贸易协定》条约有效的"例外条款"。该条款规定：如果美国本国的工业因为进口贸易而"严重受损"，美国可以通过采取对该进口产品实行强制限定配额或其他限制措施取消或调整对该进口货物的关税减让以避免或减轻本国工业因此遭受的损失。约翰杰·克逊曾指出："现代意义的'保障措施'（safeguards）起源于1934年美国的《互惠贸易协定》……世界贸易组织中的'保障措施'（第19条）是对

① Douglas A. Irwing, p. 82.

② Ibid. p. 179.

1943年的美国与墨西哥之间的《互惠贸易协定》的直接套用。”[①] 1947年2月25日杜鲁门总统发布了9832号总统令，规定从此之后美国签订的任何一项条约都必须包含“例外条款”。美国在世界贸易领域的领导地位使得美国《互惠贸易协定》的例外条款自然成为关贸总协定的“例外条款”（第19条）。关贸总协定的“例外条款”规定，如果某种进口产品造成对生产类似产品的本国企业造成或存在造成严重损害危险的情况下，可以停止、取消或修改其关税以保护本国企业的利益。很明显，关贸总协定的“例外条款”就是美国9832号总统令的翻版。

“例外条款”消除了美国对未来不确定性的担忧，赋予了美国在多边贸易框架内内更大的自主权和灵活性。在“例外条款”保护下，即使国内政治或国际局势有某种不利的变动，美国也可以在不退出关贸总协定整体框架的情况下针对特殊情况对本国贸易活动进行调整和保护。此种灵活的机制还有利于实行资本主义民主制的西方国家应对国内政治的易变性。如果没有“例外条款”，一旦对现行政策持反对意见的政党上台，很可能会废除或退出前执政党参与的国际机制，而“例外条款”给持反对意见的政党提供了很大的政策调整空间，可以使其在不退出关贸总协定的情况下对他认为不利的贸易活动进行调整。

四、农业免责条款

关贸总协定的农业免责条款（1955的农业免责条款）也来源于美国国内法律实践。为了保护本国农业发展，美国在1933年通过了《农业调整法》(*Agricultural Adjustment Act*，简称AAA)。该法第22小节(Section 22)没有具体规定何种农产品不在《农业调整法》规定的范围内。为了使关贸总协定不违反第22小节的规定，美国在1955年1月向关贸总协定提出议案，要求免除其在关贸总协定框架下的农产品关税责任。“美国希望通过制定机制对此种情况进行处理，因此请求各缔约方免除此协定中的责任，以避免本约定与其执行本国‘第22小节’

① John Jackson, p. 179.

所采取的必要行动之间的矛盾。"[1]"第22小节"规定，如果特定产品的进口无助于本国农业支持计划或者会对其造成实质性的干扰，本国政府必须采取行动制止该情况的发生。该小节同时规定，可以采取配额和收费的方式消除进口产品对美国农业发展造成的不利。1951年，美国国会明确表述了该国《农业调整法》"第22小节"与国际法的法律效力关系："在此之前和之后的任何国际条约都不得与此小节的内容相悖"[2]。美国代表将此免责提案提交到关贸总协定工作组时表示，此提案并非要改变关贸总协定的关税原则，只是基于美国特定国情的个别提案，并向关贸总协定工作组说明"第22小节"涉及的范围非常有限，并且不会在常规情况被广泛使用。

美国的农业免责提案遭到了澳大利亚、新西兰、荷兰、加拿大、意大利和希腊等多国代表的共同反对。希腊代表巴塞里奥（Bassiliou）非常明确地指出美国此举所带来的严重后果：如果美国此项提案获得通过，就意味着一国的国内法（美国《农业调整法》"第22小节"的农业免责条款）的效力可以高于国际法条约（关税互惠和最惠国待遇）的法律效力。此举将严重损害关贸总协定作为国际条约的权威性。美国此举还会对他国产生潜在的示范效应，会为未来关贸总协定及其他国际规则和制度的执行埋下隐患。[3] 美国的农业免责提案在关贸总协定第九次全会上被最后讨论，澳大利亚、古巴、加拿大、英国和巴基斯坦等国联合提出了修改意见，提出要对农业免责的范围和时间作出限定，并由关贸总协定建立特定的监督机制。由于这些限定与美国《农业调整法》的"第22小节"不符，美国坚持不做任何让步。最终，关贸总协定第九次全会以23票通过5票反对的结果通过了美国的农业免责提案。作为美国国内法《农业调整法》的"第22小节"成功升级到了国际法高度，美国获得了关贸总协定授权的无条件无限期的农业产品免责权力。至此，关贸总协定第二条和第十一条的规定与美国《农业调整法》"第22小节"的规定完全相符。美国此举最大的好处就

① Soo Yeon Kim, p. 69.

② Soo Yeon Kim, p. 69.

③ 关于各国具体对美国提出农业免责的提案的具体言论详见Soo Yeon Kim, p. 69.

是在没有破坏关贸总协定整体框架的情况下有效保护了本国的农业利益。因为关贸总协定框架下的关税减让对美国有利，美国不想牺牲既得利益——即以退出或修改既有的关税机制为代价来保护本国的农业利益，所以美国通过根据国内法修改国际规则的方式实现了“鱼和熊掌兼得”的目的。

五、反倾销法案

关贸总协定反倾销法的制定是美国根据国家利益和意志塑造国际规则的又一个典型案例。反倾销法（*Anti-Dumping Act*）的概念和立法实践都产生于最早的工业化国家。1916年，美国国会制定了第一部国家反倾销法《税收法案》。该法明确规定了任何一种以大大低于出口商品生产国的市场价进口某种产品或销售某种进口产品，并且有摧毁或损害美国相关工业的后果，或阻碍美国相关工业的建立或限制或垄断该产品销售的任何贸易与商业行为都是一种犯罪，应予以刑事处罚。[①] 之后，美国多次修改并完善了反倾销法，先后颁布了《1921紧急关税法》(反倾销法是其一部分)、《1974年贸易法》、《1979年贸易协定法》、《1984年贸易与关税法》、《1988年综合贸易与竞争法》和《1994年乌拉圭回合协议法》。作为关贸总协定规则的主要设计者，美国出于保护本国企业的利益的考虑，在1947年关贸总协定成立之初就把反倾销法写进了关贸总协定的规则中（关贸总协定第六条对反倾销做了原则性的规定）。

作为关贸总协定的总设计师，几乎在任何规则中都可以找到美国的影子，反倾销法也不例外。首先，1947年关贸总协定中第六条关于反倾销的原则性规定就是美国《1921年反倾销法》的主要内容。其次，乌拉圭回合《反倾销协议》第二条第二款关于“低于生产成本的销售”的概念，在很大程度上是采纳了美国《1974年贸易法》中的相关规定，

① 吴瑞、姚家儒:《论WTO规则与美国反倾销法的趋同及冲突——从反垄断法到贸易保护主义的最新发展》,《法治研究》, 2008年第10期，第23—27页。

即倾销不仅指不同国家市场之间的价格歧视行为，还包括某一产品在出口国或原产国国内市场上以低于生产成本的价格进行销售。再者，乌拉圭回合《反倾销协议》第3条第3款关于"累积损害"的确定也承袭了美国《1988 年综合贸易竞争法》中的相关规定。乌拉圭回合《反倾销协议》规定，当事人有权对最终裁决和复审决定请求独立的司法审查，这个条款也借鉴了美国《1984 年贸易与关税法》中独立司法审查的做法。①

美国把带有鲜明"美国意愿"的反倾销法写进了关贸总协定，使其从国内法变成国际规则，从而在国际层面有效保障了自身利益的长远实现。反倾销法从本质上讲是一种报复性的贸易保护法案，国家的经济和贸易实力是国家实行有效报复手段的基础。美国在世界经济中的超级大国地位决定了他是此种制度的最大受益者。以美国和加拿大为例，美国是加拿大的最大出口国，加拿大出口商品总量的三分之二流向美国，其中绝大多数都是农业产品。如果美国对加拿大启用反倾销法，将对加拿大的贸易产生严重后果。反过来，如果加拿大对美国进口的货品实行反倾销报复，其行为对美国经济不会产生同等严重的后果，因为对加拿大的出口只是美国出口总量的一小部分。所以，尽管反倾销法在原则上保护所有缔约方的贸易利益，但各个国家使用反倾销法保护本国贸易利益的能力和效力是不同的。反倾销法对美国、欧盟等世界最强经济体最有利。据统计，美国是使用反倾销制裁手段最频繁的国家。1997年至2003年间，美国共发起反倾销293次，远多于欧盟的216次、澳大利亚的141次和加拿大的106次。②

六、"逐项讨论"谈判模式

美国主导的关贸总协定谈判框架的一个基本原则是基于双边的

① 关于美国的反倾销法如何影响了WTO的相关立法，详见徐淑萍：《GATT/ WTO反倾销规则的相互影响》，《法律科学》，2001年第1期（总第108期），第124—128页。

② 朱庆华、唐宇：《中国反倾销措施实证分析》，《山东财政学院学报》，2004年第6期，第79—84页。

“逐项讨论”（item by item）谈判模式，此种谈判模式使美国具有最主动的谈判权力。作为世界最大贸易国，根据“主要供应商”原则和“对等互惠”原则，美国在单项产品的谈判中都具有绝对主动的谈判权和最大的报复能力。虽然关贸总协定的“对等互惠”原则使任何国家在其贸易利益受损时都可对造成损害的国家实施对等报复行为，但每个国家实施对等报复的能力和承受他方报复的能力是截然不同的。拥有较大市场和多样化贸易构成的大国显然比市场狭小、贸易结构单一的小国处于更优势地位。美国作为世界最大的市场和出口国，在对等报复能力方面无疑处于绝对优势地位。

关贸总协定中的“逐项讨论”谈判模式同样起源于美国的《互惠贸易协定》。为保障美国的国家利益，1934开始的《互惠贸易协定》都建立在“逐项讨论”谈判模式基础上。1947年，日内瓦谈判中涉及5万多个货品的123个协定都是在“逐项讨论”双边谈判模式基础上达成的。1949年阿纳西回合、1951年托基回合、1955—1956年日内瓦回合和1960—1962年狄龙回合中的贸易谈判也都是按此模式进行的。虽然在五个回合中人们已经熟悉了此种谈判模式，此原则也成为大家接受的方式，但人们对其低效耗时的弊端还是不胜其烦，尤其对美国主导下的不平等谈判结果深感不满。“如果再有减税会议，他们一定会要求使用新的规则。”[①] 从狄龙回合开始，各国谈判代表纷纷要求改变谈判规则，用“全面减税”（across-the-board）方案代替“逐项讨论”方案。美国代表对此执意反对，认为“全面减税”方案无助欧洲关税的降低，并且与《互惠贸易协定》的原则不符。1962年，肯尼迪政府颁布了《贸易扩大法案》，赋予了政府部门更大的减税权力，规定了对关税高于50%的产品的关税削减幅度最高可达50%；对于关税低于50%的产品可以全面减免关税。[②] 此项美国国内法案的出台成为美国调整“逐项讨论”谈判模式的基础。但美国仍旧坚持其在“逐项讨论”

① Gerard Curzon, *Multilateral Commercial Diplomacy: The General Agreement on Tariffs and Trade and Its Impact on National Commercial Policies and Techniques*, New York: Frederick A Praeger, 1965, p. 95, 间接引自 Soo Yeon Kim, p. 62。

② Soo Yeon Kim, p. 62.

谈判下获得的利益优势，并不主动放弃既有的"逐项讨论"的谈判模式。在1963年的日内瓦回合中，是继续采用"逐项讨论"模式还是采用新的"全面降税"模式成了谈判的焦点。① 在双方各执己见的情况下，谈判方只好彼此各让一步达成了最终的妥协——美国贸易扩展法规定的大部分产物采用"全面降税"方案；美国和欧盟之间贸易分歧较大的产品依旧实行"逐项讨论"方案。此两种方案在肯尼迪回合和东京回合中将被同时使用。而在乌拉圭回合中，谈判方案又回到原来的"逐项讨论"，因为这是"美国更喜欢的方案"。②

从美国对谈判方案的态度中可以看出，美国完全在根据其国家利益塑造关贸总协定的规则体系。从最开始毫无商量余地的"逐项讨论"方案到部分采用"全面降税"方案，再重新回到"逐项讨论"方案，都是美国国家意志也利益取向的体现。如果美国没有通过《1962年贸易扩展法》在国内施行全面大幅度降低关税，美国在狄龙回合中是不会对欧盟让步采纳其一揽子"全面降税"方案的。可见，最终使美国调整关贸总协定谈判原则的，不是国际社会的压力而是其国内利益的调整，即《贸易扩展法》的出台。

参与国际公共产品生产方的主观因素也带有权力性质。国际规范的设计者是具体国家的个人代表，带有鲜明的国家意识形态和不同的文化背景。这些具体设计者的知识结构、价值理念等都必然受到其成长环境和个人经历的影响，在制定规则时往往趋向采用自己熟悉的已经存在的理念体系，并会优先考虑本国的利益实现。关贸总协定是国际合作的结果，但其规则制定者并不是所有缔约方的成员，而是权力大国的政治精英。英国代表团的詹姆斯·米德（James Meade）和美国代表团的哈里·霍金斯（Harry Hawkins）就是关贸总协定规则的主要制定人，其"作品"必然会带有他本人特有的价值取向和文化背景烙印。约翰·杰克逊就曾说："至少从部分上看，关贸总协定的设计采纳了美国宪法的构架，后来也有欧盟的影子……如果想清楚地理解关

① 关于item-by-item和across-the-board liner cut的降税原则在GATT成立之初美英之间就存在严重分歧。具体论述可见 Douglas A. Irwin et al, *The Genesis of the GATT.*

② Soo Yeon Kim, p. 62.

贸总协定的政策选择，不仅要了解世界贸易组织规则制定的程序和各个条约之间的变化，还必须了解世界贸易组织主要成员国国内的相关法律。”①

第三节　形成规范——获取增值软权力

美国创立关贸总协定的初衷是想通过在世界范围推广自由贸易实现世界和平，进而保证美国的国家安全。1947年，关贸总协定建立之初只有23个缔约国，主要是欧美资本主义国家。经过50多年的发展，现在的世界贸易组织已经拥有150多个正式成员，其中很多成员是发展中国家。世界贸易组织在国际贸易领域有巨大的影响力，被称为“经济领域的联合国”。从关贸总协定到世界贸易组织的演变过程，就是一个国际公共产品从初级阶段到高级阶段的发展过程。关贸总协定到世界贸易组织的发展体现之一是成员数量增多和功能更加完善，更重要的是其规则体系的成熟和发展。与关贸总协定成立之初相比，世界贸易组织具有更加严格而复杂的规则制度体系，其规则体系已经成为国际贸易法律体系中一个独立的分支，具有公认的国际法效力。在该国际公共产品的成长过程中，美国作为其主要研发国其国家利益和意志得到了最大程度的实现与扩展，很多美国国内法律法规成为国际条约和法律。美国通过设计国际公共产品的规则体系把国家意志转变为国际规则，并通过国际公共产品自身的成长使国际规则发展为国际规范，通过国际规范更加牢固地保护了本国利益，引导了国际层面利益观与价值观的形成，间接实现了其对世界的领导和控制。曾任克林顿的经济顾问约瑟夫·斯蒂格利茨（Joseph E. Stiglitz）就指出，美国20世纪的国内经济政策没有把国家与市场的关系平衡好，更为糟糕的是，美国把国内自由市场导向的“华盛顿共识”通过双边协定、布雷

① John Jackson, p. 341.

顿森林体系和建立世界贸易组织等方式推到了国际层面。[①]

一、国际规范的确立——国际公共产品成长价值的实现

国际公共产品的"非排他性"决定了其体系具有开放性特征，即国际公共产品本身在理论上具有无限的成长空间。此种成长性可以表现为国际公共产品使用群体的扩大、功能的增强和影响力的提高等各方面。从关贸总协定到世界贸易组织的发展就是作为国际公共产品的自由贸易制度在数量和质量上提高的例证。

1. 自由贸易制度在全球的确立——"非歧视性平等原则"

"非歧视性平等原则"是自由贸易制度和理念的道德基石，是指导各国贸易行为的"行为通则"[②]，是"一种'深层的组织原则'"[③]。自由贸易制度的推广必须通过具体机制来实现。关贸总协定（世界贸易组织）框架下的"最惠国待遇"和"国民待遇"就是在世界范围内保障和推广自由贸易制度的具体机制。自由贸易制度在全球的确立建立在各国对这两个具体机制普遍接受的基础上。

最惠国并不是美国的新发明，其雏形出现在12世纪欧洲城市国家之间的贸易交往中。在15、16世纪，欧洲国家间频繁的贸易交流活动促进了自由贸易制度的发展，到了19世纪和20世纪，更加广泛的地区和国际贸易活动使自由贸易制度更为完善和成熟。特别是美国在1947年建立关贸总协定后，把最惠国待遇作为"非歧视"原则的具体条款使其变成国际法规，自由贸易制度有了更高的国际性制度保障。关贸总协定发展为世界贸易组织后，最惠国制度也自然发展为具有全球影响力的国际规范。

最惠国制度是公平原则在国际贸易领域的具体应用。自由贸易在全球的发展使国家间依赖程度不断加深。在复杂的多边国际贸易活动

① Faizel Ismail, "Reforming the World Trade Organization," *World Economics*, Vol. 10, No.4, 2009, pp.109-146.

② Soo Yeon Kim, p. 33.

③ Ibid. p. 28.

中，各国如果仍旧采用多组双边贸易谈判的形式，不仅会产生较高的谈判成本，而且由于国家信息占有不均很容易导致囚徒困境的出现。最惠国制度则避免了此类问题的出现。约翰·杰克逊指出最惠国制度有四个优点：第一，最惠国制度可以有效避免市场原则被滥用；第二，最惠国制度可以综合协调各种贸易政策从而促进自由贸易的良性发展；第三，最惠国制度对所有国家都有效，可以实现制定贸易规则的成本最小化；第四，最惠国制度不需要海关对不同国家的产物区别对待，可以实现交易成本最小化。①

自由贸易制度另外一个重要机制是“国民待遇”，这是公平原则在国内贸易层面的体现。最惠国制度强调从他国进口产品时，该进口国要对所有同类进口产品一视同仁；国民待遇则强调该进口产品入境后要保证该产品与该国国内产品享受同等待遇。此规定的主要目的是防止进口国家通过在国内额外征税的办法变相对进口产品实施歧视性待遇。自由贸易的发展不仅促进了产品的国际流通，还加速了人员和资本的国际流动，所以国民待遇还表现为一国的国内法对外国人和外国企业同等适用。和最惠国制度一样，国民待遇也被各国贸易实践广泛采纳而成为重要的国际规范和国际软资源。

2. 自由贸易观在全球的确立——比较优势理论的流行

今天，自由贸易制度已经成为世界主导贸易形式，其理论和实践已经被世界大多数国家所接受。在美国建立关贸总协定之初，“除了美国以外，几乎整个国际社会都在反对经济自由主义，只是在程度和具体派别上有所区别，可分为左翼、右翼和中间派。但在反对不加任何干涉的多边主义时，他们是团结一致的。”② 自由贸易制度在世界范围的确立与美国的努力密不可分，美国建立关贸总协定是使自由贸易制度在世界范围内得以确立的有效手段。

亚当·斯密在《国富论》中提到了比较优势贸易理论。即一个国家只需生产各自的优势产品（生产成本最低而产值最高），不需要生

① John Jackson, p. 158.

② Ruggie, “International Regimes, Transactions, and Change,” in Krasner, ed., *International Regime*, p. 209.

产国民所需的所有产品。每个国家都可以把各自的优势产品与他国的优势产品进行交换以实现最大的经济效益。比较优势理论是自由贸易制度的理论基础，得到了很多学者的认同。保罗·萨缪尔森将其誉为"最美妙的理论"，并在此基础上提出了自己的自由贸易理论。萨缪尔森认为："对于自由贸易只有一个论断，那就是自由贸易有助于促进贸易双方劳动分工的发展，有助于提高所有国家的国民生产值，并使全人类实现更高生活水平成为可能。"① 尽管此理论得到了很多经济学家的支持，但二战后国际社会还未走出战争阴霾的影响，很多国家依旧奉行贸易保护主义。此时的美国在推动自由贸易制度方面的确发挥了领袖作用。在其不懈努力下，以"非歧视"为基本原则以削减关税为主要手段的第一个国际多边自由贸易机制——关贸总协定——终于在1947年正式建立。

作为自由贸易在全球的主要推动者，美国的努力贯穿了整个20世纪。美国参加1947年关贸总协定日内瓦回合谈判的代表赫伯特·菲斯（Herbert Feis）就直言不讳地指出："美国政府非常希望尽可能在世界范围内保持美国式的贸易模式，一种靠个人创新和严密计划推动的，由竞争机制规范的，对所有人都是开放和平等的，不受僵化机制羁绊的模式。我深信此种模式在世界范围的存在将惠及包括美国在内的所有国家。"② 从20世纪30年代起，美国就把促进自由贸易发展作为其重要的外交政策。1934年开始的《贸易互惠协定》就是在此方针指导下产生的具体贸易条约。《贸易互惠协定》不仅对美国国内自由贸易的发展有重要的推动作用，其基本原则对关贸总协定的规则体系也产生了深远影响。1985有一份专门为关贸总协定作的《名人报告》（也译作《路特威勒报告》）（The Leutwiler "eminent persons" Report），该报告进一步强调了自由贸易的价值："贸易可以让国家集中精力发展自己最擅长的产业。没有任何两个国家的自然资源、气候条件和劳动力资源是一样的。这些先天的不同给每个国家都提供了不同于他国的独特

① Paul Samuelson, *Economics*, New York: McGraw Hill, 11th ed., 1980, p. 651.

② Herbert Feis, "The Geneva Proposals for an Internatial Trade Charter," *International Organization* Vol.2. No.1, 1948, pp. 39-52.

的‘比较优势’。贸易可以把各国的比较优势转化成所有国家最大效益的生产力。这就是国际贸易的经典理论。今天它仍然有效。”[①]

美国把自由贸易制度以国际公共产品的形式在世界范围进行推广，使之成为全球范围内的主导贸易制度。在美国的努力下，以减低关税和消除贸易壁垒为主要内容的关贸总协定极大促进了各国自由贸易的发展。关贸总协定不仅使欧洲迅速从战争的创伤中恢复过来，而且产生了以自由贸易理论为基础的一系列国际机制和组织，使自由贸易理论成长为具有全球影响的贸易范式。很难设想，如果没有美国倡导下关贸总协定的建立，自由贸易制度是否会有今天的规模和影响。

二、国际规范的软权力价值

国际规范一旦形成就具有国际法或准国际法的效力，对国际社会成员具有普遍约束力，“在很多情况下，历史和现实中的国际机制和法律比国家司法实践更重要。”[②] 美国通过建立关贸总协定实现了本国利益观和价值观的国际合法化和制度化，又借助世界贸易组织进一步强化了美国的利益观和价值观，使美国国内法和规范成为为国际规范和国际法。通过关贸总协定演变为世界贸易组织，美国获得了三种增值性软权力：“标准性”权力、“示范性”权力和“成长性”权力。

1. 关贸总协定（世界贸易组织）的“标准性”软权力

作为二战后美国主导的布雷顿森林体系的支柱性国际机制之一，关贸总协定（世界贸易组织）对世界贸易的发展产生了深远影响，其一系列规则和机制已成为各地区和国家间贸易的规范和准则。很多非世界贸易组织成员国在处理国家间贸易事务时，通常会参照世界贸易组织的规则体系，因为他们会认为这是一种国际标准和惯例。[③] 欧洲

---

① *Trade Policies for a Better Future: Proposals For Action*, Geneva: GATT, 1985, p. 23. 转引自 John Jackson, p. 11。

② John Jackson, p. 31.

③ 具体见 Jock A. Finlayson and Mark W. Zacher, “The GATT and the Regulation of Trade Barriers,” in Krasner, ed. *International Regime*, p. 274。

经济共同体的建立就是在世界贸易组织规范体系影响的结果。关贸总协定第二十四条规定，可以在关贸总协定讨论通过的情况下建立关税同盟和自由贸易区。1956年7月，欧洲委员会（Council of Europe）向关贸总协定提出提案，要求在关贸总协定六个欧洲成员国内成立自由贸易区。1957年3月25日签订了《罗马条约》，标志着欧洲经济共同体正式成立。同年4月18日，关贸总协定就《罗马条约》是否有违反其第24条关于关税同盟和自由贸易区的规定进行审查，关贸总协定的第12次部长级会议上，还通过决议成立了专门委员会对罗马条约的内容是否有违反关贸总协定的规定进行专门审查。具体审查内容主要有三项：第一，检查罗马条约中关于关税、数量限制、农业贸易、欧洲市场和与海外国家联系等方面是否有与关贸总协定规定不符之处；第二，在第一方面审查得出确切结论的基础上，对关贸总协定缔约国是否继续与欧洲经济共同体成员保持适宜的合作关系作出判断；第三，向各缔约国报告上述结果，并就该委员会的后续工作向各缔约国提出建议。①

为了获得关贸总协定审查通过，欧洲经济共同体（简称为欧共体，英文缩写为EEC）竭力表明其基本原则与关贸总协定原则的一致性。时任欧共体代表团团长的斯诺伊·多普艾男爵（Baron Snoy et d'Oppuers）就欧共体关于数量限制方面的规定是否会与关贸总协定规定不符的问题明确表示："欧共体各成员国如果就进口数量限制的事宜出现任何方面的分歧，都将在关贸总协定的法律框架内按照相关条款的解释进行处理。"② 多普艾男爵还表示，欧共体各国将继续在关贸总协定框架内进行贸易谈判，"我们并不想由此发明一个新的机制，而是在尊重关贸总协定传统的基础上，继续按照它（关贸总协定）的规则和程序来进行信息交换和观点磋商。"③

欧洲经济共同体成立后，各种区域性贸易组织相继建立。截至

① Soo Yeon Kim, p. 76.

② Soo Yeon Kim, p. 76.

③ Soo Yeon Kim, p. 76.

2006年12月止，全世界已经建立了367个区域性贸易组织。[①] 与欧洲经济共同体的成立一样，这些组织的成员国大多是世界贸易组织（关贸总协定）的成员国（缔约方），他们参与其中的各区域贸易组织也经过了世界贸易组织（关贸总协定）的批准，并在基本原则上遵守了世界贸易组织（关贸总协定）的相关规定。由此可见，世界贸易组织（关贸总协定）的规则和机制不仅具有高度的国际法效力，而且已经成为国际贸易领域的主导性规范和标准。

2. 关贸总协定（世界贸易组织）的"成长性"软权力

关贸总协定在乌拉圭回合谈判之后正式退出了历史舞台，但其规则体系并没有因此而终结，而是被新成立的世界贸易组织所继承和发展。世界贸易组织在继承了关贸总协定规则体系的同时，还新增了很多功能，例如增加了关于服务贸易（GATS）和知识产权（TRIPs）的规定、完善了争端解决机制、提高了国家的准入资格等等。从关贸总协定到世界贸易组织的变化是国际公共产品自身成长的过程。关贸总协定是工业化时代自由贸易初级阶段的产物，而世界贸易组织则是后工业化时代自由贸易高级阶段的产物。此种变化既是国际公共产品本身成长过程的一部分，也是时代变化在国际公共产品中的反映。20世纪90年代，国际政治发生了重大变革，苏联的解体改变了两极格局，美国成为冷战的最大赢家。通过经济优势拖垮苏联的"华盛顿共识"的成功使美国主导的关贸总协定规则体系在国际社会获得了更多的合法性和权威性价值，更加严格的世界贸易组织规则体系的出台显得顺理成章。从以降低关税为主要手段的关贸总协定到督促成员进行国内改革的世界贸易组织，美国主导的国际贸易领域的公共产品在数量和质量上都显现出典型的成长性价值。

世界贸易组织严格的准入机制清楚地反映了这种变化。获得世界贸易组织成员身份可以有两种方式：一种是从关贸总协定缔约方身份的直接继承；另一种是通过世界贸易组织的准入机制被接纳为新成员。关贸总协定第三十三条规定，成为关贸总协定成员的两个条件：

① Soo Yeon Kim, p. 76.

（1）申请国与三分之二及以上的缔约国签订正式的关贸协定；（2）申请国自与关贸总协定缔约方签订正式协定起，就开始执行该协定的规定。简而言之，关贸总协定的准入机制是简单多数原则，即只要该申请国获得了关贸总协定缔约方三分之二以上成员的认可就可以成为关贸总协定成员。而申请国获得关贸总协定缔约方接受的关键就是其是否能按照关贸总协定的要求降低关税，一旦双方就关税问题达成一致很快就可以签订正式协定。关贸总协定的工作组只为申请国与缔约方之间进行磋商和交流提供平台，对其是否能够获准加入关贸总协定没有实质作用。相比之下，世界贸易组织的准入机制要严格得多。世界贸易组织规则规定，一个国家要申请成为世界贸易组织成员，不仅须达到全体成员三分之二投票通过（原关贸总协定的要求），而且其国内法律和行政体系必须符合世界贸易组织的各项规定。例如，世界贸易组织的宗旨是促进自由贸易的发展，如果申请加入国家的主导经济模式不是市场导向的自由贸易制度，那么该国就必须先改革其国内制度使其符合世界贸易组织的相关规定；该国的法律体系如果与世界贸易组织的规则不符，也必须进行相应的改革；如果该国的政治体制对经济有过多干涉，则该国也必须按照世界贸易组织的要求减少政府对经济的干预。只有经过审查确定申请国的经济模式与世界贸易组织各项规定相符之后，各成员国才能进行投票决定是否批准该申请国加入世界贸易组织。一旦该申请国签署协议成为世界贸易组织的正式成员，就意味该国对世界贸易组织所有约定必须全面无条件地接受。而关贸总协定的东京回合则规定关贸总协定各缔约方对关贸总协定的规则无须全面接受，对特定的协定可以选择接受也可以选择不接受。

新成员成为世界贸易组织的申请程序也更为复杂。申请加入的国家首先要把本国的国际贸易法规向世界贸易组织工作组提交备忘录，工作组根据备忘录就申请国和世界贸易组织既有成员国之间的疑问进行沟通和解答，然后就申请加入的具体条件由申请国和世界贸易组织各成员国分别进行双边贸易谈判。待所有谈判结束后，工作组将申请国是否可以被接受为世界贸易组织成员向全体委员会（General Council）提交草案，并由全体委员会进行最后投票表决，投票总数超过三分之二才可以通过。

从关贸总协定到世界贸易组织，从“清除边界线上的障碍”（削减关税）到“推动边界线后的改革”（国内制度改革），申请成为组织成员的准入机制更加严格而具体，这种变化体现了国际公共产品自身软权力的增长。

3. 关贸总协定（世界贸易组织）的“示范性”软权力

关贸总协定是美国主导下建立的国际多边贸易机制，其目的是通过削减关税等手段促进商品在国家间自由流通，以实现各国经济共同繁荣。历史证明，以非歧视原则为基础的多边贸易机制对世界经济发展有积极的促进作用。由于关贸总协定显著的功效性和影响力，关贸总协定的大量具体规则和实践案例被其他国际组织和机制引为具有示范效力的“先例”。1955年，美国在关贸总协定框架内通过的《农业免责条款》就经常作为典型的示范性先例被他国所引用。

作为国际公共产品的关贸总协定能够实现一定程度的国际公利，但美国建立关贸总协定的根本目的是实现本国利益最优化。出于对本国农业利益的保护，美国向关贸总协定提出，美国可以对他国出口到美国的农产品根据美国国内具体情况进行数量上的限制，这就是美国农业免责条款的具体内容。由于美国在关贸总协定中的主导地位，尽管该提案有悖关贸总协定的贸易公平原则，关贸总协定还是在1955年批准了美国的提案，并在第六条第二款中予以明确说明。就其内容而言，此条款（关贸总协定第十九条）实际上就是美国国内1935年《农业协调法案》（Agricultural Adjustment Act）第22小节内容的国际法化。尽管美国此举实现了对本国农业利益的保护，但农业免责条款作为关贸总协定框架中唯一的农产品贸易保护条款，对世界农产品贸易产生了深刻的负面影响。美国单方面的农业贸易保护政策导致了国际农产品价格的长期偏低和不稳定。《农业免责条款》作为关贸总协定规则体系的一部分，其“准国际惯例”的示范效力使其成为很多国际机制学习和模仿的“坏榜样”。一个典型的学习者就是1962年欧洲经济共同体的“共同农业政策”（European Economic Community’s Common Agricultural Policy，简称为CAP）。“共同农业政策”规定，各成员国可以就提供过量农产品的国家在其农产品的价格、出口补贴和消费补贴等方面进行干预。欧洲经济共同体之所以能够公然制定贸易保护色彩如此浓厚的农业政策，很大程度上是因为有美国“农业免责条款”的“示范”作用。

小　结

本章以美国创立关贸总协定为例，具体分析了美国如何通过“研发”关贸总协定，以国际公共产品创立者的身份获得国际合法性和制度保障，从而在国际层面实现对本国利益的长期维护。美国通过在关贸总协定框架内主导规则体系的制定，实现了美国利益观和价值观的国际化。这些规则主要包括“对等互惠原则”“主要供应商原则”“例外条款”“农业免责条款”“反倾销法案”和“逐项讨论”谈判模式等。通过建立这些机制，美国不仅实现了国家利益的最优化，而且在世界范围内推广了美国的贸易范式和价值观使之成为具有全球影响力的国际规范和标准。这种以美国利益观和价值观为基础的全球范式的建立，对美国获得世界领导地位有直接的影响。这是大国通过“研发”国际公共产品获得国际软权力的典型例证。

第4章

软权力途径二："参加"国际公共产品提供——以中国加入世贸组织为例

国际政治中的大国通常采用"研发"国际公共产品的手段在国际层面实现国家利益。国际社会的相对弱小的国家通常无法独立主导国际公共产品的生产，采用"参加"已经建立的国际公共产品的方式就成为他们的一种理性选择。国际公共产品体系的开放性和利益实现的"非排他性"使任何采用"参加"途径的国家都可以从国际公共产品的公共权力中获益。中国就是采用"参加"途径，通过加入世界贸易组织来实现国家利益的。

作为西方主导的主流国际体系外的国家，中国无法像美国一样通过塑造国际秩序实现国家利益的最优，但却可以通过"参加"国际公共产品而分享其开放的公利价值。有学者评论："中国与其他国家，特别是与以往世界强国的不同之处，不仅在于他身处具有最完善的国际机制的国际大环境中，更重要的是他在加入其中的过程中充分利用了这些机制来提高本国的全球影响力。"

二战后的30年是世界各国经济高速发展和国际社会逐步形成的重要阶段。由于历史和政治的原因，中国没能有效利用第一次国际化的大好时机。20世纪70年代末，国际社会的发展和中国社会的现状使中国领导人深刻意识到参与国际社会的紧迫性和必要性——把经济纳入国际体系不仅是中国发展的必要选择而且是最佳选择。1978年，中国开始改革开放，这是中国走向世界的第一步。从70年代开始，中国通过缔结双边条约逐步改善与周边国家的关系；在80年代，中国加入了世界银行和国际货币基金组织等重要的国际多边机制，这标志着其国际交往能力的进一步提高；2001年，中国正式成为世界贸易组织的成员，标志着中国全面融入了世界经济体系。“中国必须以能够承受的代价参与到贸易全球化的进程中来。在全球化进程不断加深的过程中，中国领导人认识到以世界贸易组织为典型标志的全球化是任何国家都不可阻挡的进程……对重大经济和政治利益的考量是中国领导人渴望复关和加入世界贸易组织的根本原因。”① 江泽民在2000年11月于文莱举行的亚太经济合作组织会议上曾讲：“我们必须全面正确认识经济全球化问题并进行正确处理。经济全球化是世界经济发展的客观趋势，任何国家都无法避开而必须参与其中。”②

世界贸易组织被誉为世界贸易领域的联合国，对世界经济和政治都有深远的影响。入世以来，世界见证了中国经济发展最快的15年。2001年中国入世的时候，中国GDP为11万亿人民币，2014年达到63.5万亿人民币。就贸易而言，中国已经成为世界第一大出口国和第二大进口国；长期保持世界第二大吸收外资国的地位；同时也是世界上第三大对外投资国。在外汇储备方面，中国早已遥遥领先于世界各国，以接近4万亿美元的金额位居世界榜首。这些数据表明中国不仅融入了世界经济体系的主流，而且已经成为其中最重要的经济体之一。③ 加入世界贸易组织不仅可以使中国经济和贸易活动得到全面发展，其权威性的国际机制还能够提高中国在国际社会的声誉和影响力。蓝迪格尼·马克（Lanteigne Marc）分析了中国加入世贸组织的六点好处：提高外部环境的和平和安全；实现国内稳定；减少信息沟通

① Hui Feng, Politics of China's Accession to the World Trade Organization: The Dragon Goes Global, New York: Routledge, 2006, p. 69.

② Hui Feng, p. 69.

③ 王秋蓉:《全球贸易规则重塑时代来临》,《WTO经济导刊》,2015年第11期，第24—25页。

的风险和成本；与他国开展有效合作；发展经济和保障安全；获得更大的国际声誉。[①] 本章从三个方面分析中国如何通过"加入"世界贸易组织而获取该国际公共产品的"功效性价值"、"制度性价值"和"增值价值"等各项软权力价值。

第一节　获得成员身份实现国家利益
——获取功效软权力

在国际无政府状态中，各国的行为和决策都是对本国利益考量的结果。中国决定加入世界贸易组织也是如此。世界贸易组织的宗旨是"为各方的合作提供沟通的平台，减少各种国际贸易壁垒，为各方的合作提供公平的竞争平台以实现经济发展和进步。"[②] 发展经济是中国加入世界贸易组织最主要和直接的目的。

世界贸易组织作为国际贸易领域的公共产品，公利性和"非排他性"是其根本属性。通过加入其中成为该国际公共产品的体系内成员，中国可以直接获取其对发展国家经济贸易的功效性价值。在中国正式加入世界贸易组织之前，国务院研究中心曾虚拟了加入世贸组织对中国经济发展可能造成的影响。根据此项虚拟测量，如果中国正式成为世贸组织的成员，在1995到2005年间，其出口和进口分别可以增长26.9%和25.7%，外贸额总量可以从1998年的3200亿美元增长到2005年的6000亿美元。到2005年止，中国的世贸组织成员国身份可以使中国的实际国内生产总值增长1.53%，其他一些分析人士甚至认为其增长的幅度可以达到3%。[③]

其他学者对中国加入世贸组织后中国经济可能因此发生的变化做了研究和分析。金素恩把世贸组织成员分为"既有成员""先期加入者"

---

① Ibid.

② WTO网站，http://www.wto.org/english/thewto_e/whatis_e/wto_dg_stat_e.htm，2011年11月10日登录。

③ Feng Hui, p. 69.

和“后加入者”三类，分别测量了世贸组织成员身份对其贸易发展的影响。[①] 测量结果显示，在三个组别之间，“后加入者”也是进出口贸易增量最大的国家。无论是在“后来者”之间，还是“后来者”与“既定成员”或与“先期加入者”之间的贸易增量，各比其加入世界贸易组织之前都有大幅度提升（35.12%—93.09%），分别高于“既定成员”之间，“既定成员”与“先期加入者”或“后来者”之间贸易额的增量。[②] 中国作为“后来者”的主要成员之一，其经济增长令世界瞩目。

国内学者宋弘威和李平就中国加入世贸组织后中国贸易竞争力发生的变化进行了分析，也得出同样结论。他们的研究借鉴了阿布来提·依明的模型，用阈值法衡量一个国家贸易地位的变化，并构建了贸易竞争力指数（由贸易量指数、贸易依存度指数、市场规模指数以及产业结构指数组成）。该研究选取了中国加入世界贸易组织前12年到加入世界贸易组织后5年间（1990—2006）共17年的经贸数据为样本，测量了中国国际贸易竞争力的变化。得出的具体结论为：加入世界贸易组织前的1990年中国对外贸易额为1154.4亿美元，五年后（2006年）达到了17607亿美元；国内生产总值也从1990年的17686亿元增加到2006年的209407亿美元。从2001年到2006年间我国经济年均增长率为10 %，外贸总额增长将近2倍，是中国经济发展最好的一个时期。[③]

孙振宇（中国原商务部副部长，中国原驻日内瓦世贸组织大使）在庆祝中国国际贸易学会成立30周年大会上的演讲中指出，中国加入世界贸易组织实现了本国的经济利益：“我们确实是受益者，这30年（指中国国际贸易学会成立的30年）（和）10年（指中国加入世界贸易组织的10年），我们经贸发展、走出去发展确实得益于多边贸易体

① “既有成员”是指乌拉圭回合之前的GATT成员国（1947—1986年）；“先期加入者”是指在乌拉圭回合中和WTO成立的第一年加入其中的成员国（1986—1995年）；“后来者”是指在1996年或其后经过复杂严格的申请和批准程序获准加入WTO的成员国。中国是典型的“后来者”。

② 具体表格和数据见附录。

③ 具体参见宋弘威、李平:《多边体制下中国贸易竞争力对经济增长的实证分析》,《哈尔滨工业大学学报（社会科学版）》2007年7月第9卷第4期，第117—119页。

制。”[①] 易小准指出，加入世贸组织意味着新成员必须要做出非常积极的贸易政策调整，与此同时，其他 WTO 成员国也必须向该国提供非歧视政策。根据入世后各国的经济表现，发现加入世贸组织通常是与这些国家的发展以及投资的大幅增加是相关的。简言之，加入世贸组织能带动国内经济与贸易的快速发展。[②]

第二节 接受规则获得国际话语权——获取制度软权力

规则意味着权力与约束，制定规则无疑是获取软性权力的最佳方式。美国所以“研发”国际公共产品，就是因为研发者可以直接获得宝贵的规则制定权。规则一旦制定并被国际社会所接受，该规则本身就具有了相当的稳定性。相比之下，相对弱势的国家对已存在的规则和制度大多采取了接受和遵守。那么，对规则的接受是否是国家的唯一选择呢？对国家的利益有何影响呢？如第二章对次优选择的分析，虽然国家选择加入某种国际规则体系未必是理想中的最佳选择却是现实中可行的最佳方案（所以称为理论上的次优方案），即国家选择接受某种规则体系的约束也能在一定程度上实现国家利益。即，“参加国”虽然不能像“研发国”一样获得制定规则的权力，但却可以通过遵守规则同样获得该国际公共产品的共同体价值和其他软权力价值。既有国际公共产品与新进入国家有一个相互合法化的过程。一方面，新进入国家会增加既有国际公共产品的合法性与效率性；另一方面，新进入国家会分享既有国际公共产品的部分权力资源，从而实现对该国际公共产品权力结构的塑造。具体有以下几点。

① 孙振宇:《世界多边贸易体制与中国入世十周年——在庆祝中国国际贸易学会成立30周年大会上发表的主旨演讲》(专稿),《对外经贸实务》, 2011年第10期。

② 王秋蓉:《全球贸易规则重塑时代来临》,《WTO经济导刊》,2015年第11期，第24—25页。

一、接受国际规范获得国际信任

科技和贸易的发展使国家间形成了高度的相互依赖关系。在利益相关性的制约下，某个国家的行为能否被国际社会认可和接受对该国国家利益的实现至关重要，此种国际性认可和接受也成为该国软权力的重要组成部分。国际机制和国际组织是主权国家就某种共同利益在自愿基础上达成的共识体，其规则体系是国际社会共同的利益观和价值观的体现。因此，一个国家是否是某个国际组织或机制的成员在一定程度上就标志着该国是否与某种价值共同体和利益共同体彼此接受和承认。国际组织的影响力越强，其作为共同体的价值就越高。世界贸易组织作为"世界贸易领域的联合国"，其成员在利益观和价值观方面有着高度的认同，即世贸组织成员身份本身就是具有共同体价值的国际软资源。中国从1986年申请复关到2001获准加入世贸组织，期间经历了15年的漫长历程，这15年也是中国逐步改革国内体制获得世贸组织共同体认可的过程。

作为国际体系的后来加入者，中国需要尽快与国际社会建立信息交流渠道以增进了解。20世纪90年代初，中国开始大规模加入各种国际组织与国际社会进行各种渠道的沟通和了解。[①] 世界贸易组织是国际贸易领域影响最大的全球公共产品，对于正在施行改革开放政策的中国有着巨大的吸引力。因为"经济交流对提高国家和国民间的相互理解可以发挥重要作用。这种双向的交流还可以建立跨国界的利益共同体身份共识，此种身份共识可以极大降低双方使用武力解决矛盾的几率。"[②] 通过加入世界贸易组织，获得其成员身份，中国可以获得其宝贵的共同体价值——国际社会的信任与合作。通过加入世界贸易组织，正在深化改革进程的中国可以从这个国际公共产品中获得三个直接利益：加速并深化国内的体制改革使之与世贸组织规则体系相一致；

① 中国加入国际机制的历程可以参见江忆生：《简论国际机制对国家行为的影响》，《世界经济与政治》，2002年第12期，第21—27页。

② John Jackson, p. 346.

完善规则导向的国家制度体系使国家行为具有更明确的可预测性；建立公开透明的国内规则体系使国家行为具有可监察性。

1. 接受国际规范改革国内规则体系

接受国际规范，建立与世贸组织规则体系一致的国内规则和制度是获得国际信任的前提。19世纪末发源于欧洲的自由贸易制度引发了资源的跨国界流动。到20世纪中期，资源的流动和配置已经发展到全球范围。中国要发展就必须融入世界主流体系。西方主导的自由贸易体系已经在世界范围内确立并被大多数国家所接受，中国无力挑战或打破现有的规则体系，所以选择加入其中对中国是明智之举。而且，加入国际体系可以为国内改革提供动力，国际制度在国内政治中发挥了权力再分配手段的作用。如丹尼尔·德瑞兹纳（Daniel Drezner）所言："国际制度能够提供在国内领域实施政策的必要资源。没有国际制度，这些政策将难以实施。"[①] 国际制度重新分配了国内政治行为体之间的权力资源，使否决行为体在政策过程中的地位下降。

中国申请加入世界贸易组织的第一步就需要改革国内经济制度和贸易规则使之符合世贸组织的准入要求。中国为加入世贸组织主要进行了三个方面的改革：国家经济体制的转轨、国家法律体系的完善和国家贸易规则的改变。

（1）从计划经济向市场经济的转轨是中国融入世界自由贸易体系的前提和基础。

世界贸易组织作为国际公共产品的根本价值在于其对各国贸易发展的促进作用。成员国普遍的经济繁荣和其本身的发展（从关贸总协定到世界贸易组织）证实了其功效价值的存在。社会主义国家长期奉行计划经济体制，在国家经济的发展过程中逐渐暴露出很多弊端和问题。20世纪70年代末，中国开始实行经济上的改革开放，这是针对计划经济模式弊端作出的大胆改革尝试。1986年，中国正式提出恢复关贸总协定原始缔约国身份，标志着中国改革从国内转向国际层面。从

① Daniel Drezner, ed., Locating the Proper Authorities: The Interaction of Domestic and International Institutions, AnnArbor: TheUniversity of Michigan Press, 2003, p.16.

改革开放到最终加入世界贸易组织，中国实现了从计划经济到市场经济的转轨，也开始了中国全面融入国际贸易体系的进程。

国家经济体制的改变意味着资源和权力分配的重大调整，这种调整包括经济指导原则的改变——从计划经济到市场经济；经济生活主体的改变——从国有企业到各种所有制度企业；经济结构的改变——从第一、第二产业为主到向第三产业倾斜；经济活动范围的改变——从封闭的内贸为主到内外贸易的综合发展。这些领域的改革为中国全面发展市场经济做了必要的制度性准备。首先，在计划经济体制下，企业的生产和采购都在政府指令下进行，无法形成真正意义的市场和竞争。进入世界贸易组织体系后，中国企业的活动将完全处在优胜劣汰的竞争机制中，企业活力将得到极大激发。第二，计划经济体制下经济的主体是国有大企业，而自由贸易要求通过市场公平分配资源，即个人、社会团体与国家同样有资格获得经济活动的必要资源。对私人投资的鼓励极大调动了个人和社会参与经济活动的积极性和创造力。据统计，改革开放后中国国有企业的工业产值开始下降，到20世纪90年代末只占全国工业总产值的三分之一，而与此同时，各种非国有经济体在经济活动中显示出越来越强的活力。[①] 第三，在计划经济模式下，农业和工业作为国家的支柱产业获得了国家大量的资源倾斜，但贸易的发展对服务业为主的第三产业有极大需求，加入世界贸易组织后中国的第三产业将快速发展，对促进就业和增加国家经济综合调节能力有很大益处。第四，计划经济是封闭的国内经济活动，自由贸易要求开放市场，国内外市场的开放和互相补充使资源能够按照"比较优势"的原理实现更加优化的流动和配置，从而极大提高了国家的贸易和经济活动效率。

中国电信行业的改革就是中国从计划经济向市场经济转轨的典型代表。

首先，竞争机制的建立是向市场经济转轨的关键。改革开放伊始，

---

① Song Liang, "The State of the Chinese Economy," in Deborah Z. Cass et al., eds., *China and the World Trading System: Entering the New Millennium*, p. 88.

中国就开始了市场经济的尝试。从新中国建立到1978年改革开放前，邮政和通讯业务一直由国家邮电部按照计划经济模式进行政企合一的管理，没有真正意义的市场和现代企业。邮电部门真正的改革始于20世纪90年代初。当时传呼业务的快速发展使邮电部在1993年首次向国内符合条件的公司公开发放无线电寻呼营业许可证，第一次引发了寻呼行业小规模的竞争局面的出现。继而，移动通讯业的发展使寻呼业很快退出了历史舞台，但已经萌芽的竞争机制持续在行业内成长。为了实现政企分开，1994年原电信总局从邮电部机关分离出来成为独立的企业，这就是最初的中国电信。随后各地方邮政局也不同程度地实行了政企分开。为了打破中国电信的行业垄断地位，在原电子部和铁道部内部网络系统基础上建立了中国联通公司，由此形成了电信和联通“双寡头”的竞争局面。虽然刚刚成立的联通公司的资产只有中国电信的260分之一，但初步竞争局面的形成还是促使邮电部门大幅度降低了入网费和各种资费。中国联通公司的成立虽然没有马上实现势均力敌的竞争局面，但毕竟迈出了电信行业市场化的第一步，为中国电信业的入世做了最初的准备。

改革开放的推进使电信市场快速成长。为了形成更好的竞争局面，1999年中国政府对电信企业进行了又一轮拆分，把中国电信分成三个独立企业——新的中国电信集团、中国移动公司和中国卫星通讯公司。为了形成真正的市场竞争局面，中国政府相继给规模较小的网通公司、吉通公司和铁通公司等颁发了电信运营许可证，使国内电信市场初步形成了不同层次的多头竞争局面。2001年12月11日，就在中国刚刚加入世界贸易组织不久，为了进一步深化中国电信行业的市场竞争机制，中国政府又一次对中国电信进行拆分，把北方省份的业务并入中国网通，保留南方十三省的业务成为新的中国电信，同时将中国吉通并入中国网通公司，至此中国电信一家独大的局面彻底结束。网通、电信、联通、移动等公司在各个领域都有了势均力敌的竞争对手——在固定通讯领域，中国铁通与新的中国电信之间形成竞争；在移动通讯领域，中国移动和中国联通形成竞争；在互联网领域，中国网通与中国电信形成竞争——真正意义的市场竞争格局初步形成。此种竞争机制的形成既是改革开放的成果，也是中国加入世界贸易组织后其规范对中国发生作用的结果。在国内改革遇到阻力的情况下，国际规范作为独立于国内权力结构之外的国际权力集合体，比国内政治权力对国家政策有更直接和深刻的影响力。

其次，法规体系的建立是市场经济良性运行的保障。自由贸易制度的建立不是简单的市场竞争，而是在规则体系导向下的良性有序的经济活动模式。完善的法律体系是中国与国际体系接轨的制度保证。2001年12月1日，中国正式成为世界贸易组织成员。不同于关贸总协定，世贸组织的准入机制要求新成员必须全面接受并遵守该组织所有的规则和协定。世界贸易组织关于电信行业有两个具体协定，即1995年1月1日实施的《服务贸易总协定》(*General Agreement on Trade in Services*，简称为GATS）和1998年2月5日实施的《基础电信业务协议》(*The Agreement on Basic Telecommunications Services*，简称为ABTS)。《服务贸易总协定》是对世贸组织全体成员有普遍约束力的多边协定，中国作为成员对其规定必须严格遵守。尽管《基础电信业务协议》不是强制性多边协定，但由于中国在1999年与美国的双边谈判中已经接受了该协定，按照最惠国原则，中国实际上等于加入了该协定。该协定对良性竞争、网络互联、资源共享、营业许可、独立监管、资源分配等电信行业的很多具体运营做了详细规定和要求。基于世贸组织规则体系本身的国际法效力和中国对国际法的惯例，此两项协定自动成为中国国内法的一部分。

此外，中国按照世贸组织的规定一直在对中国本国的规则体系进行完善。2000年9月20日，国务院颁布了国内首个电信行业法规《中华人民共和国电信条例》，其宗旨是“规范电信市场秩序，维护电信用户和电信业务经营者的合法权益，保障电信网络和信息的安全，促进电信业的健康发展。”[①] 此条例就政府的监管责任、企业的经营范围和方式、市场的竞争机制等方面做了详细规定。特别是，此条例首次

① 中国互联网络信息中心网站，http://www.cnnic.net.cn/html/Dir/2000/09/25/0651.htm，2011年8月15日登录。

明确规定了私人企业可以参与增值业务的经营活动。此后，中国又出台了《中华人民共和国无线电管理条例》《中华人民共和国计算机信息系统安全保护条例》《计算机系统国际联网保密管理规定》《计算机信息系统安全专用产品分类原则》《互联网等信息网络传播视听节目管理办法》《关于加强依法治理电信市场的若干规定》等法律法规，进一步规范电信行业的市场运营。中国对世贸组织电信协定的接受和对本国电信行业法规的完善是中国接受世贸组织规则导向国际规范的结果。中国电信业的最终入世成功标志着中国电信业的规则体系被世界贸易组织共同体成员的认可和接受。

第三，资源的自由流动是市场经济的必然要求。中国政府遵守加入世贸组织时作出的承诺，电信业对本国市场开放的同时也将逐步对外资市场开放，以实现国际竞争格局和资源的国际性流动。在1999年与美国的贸易谈判中，中国首次承诺外资在中国电信领域投资的最高份额可达49%；两年后，在增值电信业务领域外资的最高投资额可以达到50%（具体包括电子邮件、互联网、数据库等领域）；五年后在移动通讯和数据服务领域（包括电子邮件、手机、个人通讯服务等）最高外资份额可达49%。同时还规定，在一定的年限后，外资在中国可以不受地域限制发展增值业务、移动业务和国际通讯业务等。根据2000年5月中国和欧盟的谈判约定，中国将进一步加速本国电信市场的对外开放，在一定条件下，外资可以更加便捷地进入中国电信市场。[①] 这些都是中国加入世界贸易组织后接受世界贸易组织规则和规范的结果和表现。

（2）国家法律体系的改革和完善是中国获得国际信任的基础。

尽管理论界对国际法和国内法的关系有不同观点：有国内法优先说、国际法优先说和国内国际法平行说，但在司法实践中国际法通常比国内法具有更高的法律效力。“国际法调节的范围已经扩展到传统国内法的管辖范围，这已经成为事实。例如人权问题、环境保护问题、经济法领域甚至有关国家治理的问题……实际上，几乎没有哪个领域

① Qingjiang Kong, pp. 230-250.

是能够完全不受国际法影响的……国际法对国家的约束作用在国际经济领域尤为突出。”[①]《维也纳条约法公约》（*Vienna Convention on the Law of Treaties*）第27条明确规定，国家法律不得用来作为国家不履行国际条约规定的国际义务的理由。[②] 中国尽管没有在宪法中明确规定国际法与国内法的关系，但在一些主要法律文本中都明确表述了国际条约法律效力的优先性。例如《民法通则》第142条、《民事诉讼法》第238条、《行政诉讼法》第72条均规定，中华人民共和国缔结或者参加的国际条约同本法有不同规定的适用国际条约的规定（我国声明保留的条款除外）。中国的法律实践也基本奉行了国际条约直接适用于国内法的原则。中国分别于1975年和1979年加入了《维也纳外交关系公约》和《维也纳领事关系公约》，这两个国际公约直接在中国国内法体系生效。再如，中国于1995年10月颁布了《民用航空法》，其中有关民用航空器权利的规定与1948年《国际法承认航空器权利公约》的内容完全一致。

世界贸易组织作为“世界经济领域的联合国”，对成员国的贸易活动有规范和约束作用。有学者说，世界贸易组织的法规几乎涉及“太阳底下任何与货物、服务和知识产权保护有关的资源流动”。[③] 世界贸易组织高度的权威性来源于其规则体系的高效和权威。世界贸易组织严格的准入机制是该国际公共产品规则体系的一部分，任何国家申请加入世界贸易组织都要经过严格的审查程序以确保该国国内规则和制度与世贸组织的要求相符。国家一旦加入世贸组织，就要全面接受世贸组织的各项协定。中国成为世贸组织的正式成员就意味着对世界贸易组织各项法规的全面接受和遵守。由于长期实行计划经济，中国很多法律法规与世贸组织的自由贸易和市场原则不符。中国加入世贸组织首先必须改革国内法律体系以使市场经济获得稳定的制度保障。

---

① Wolfrum, “Legitimacy of International Law from a Legal Perspective,” in Rüdiger Wolfrum and Röben Volker, eds., *Legitimacy in International Law*, p. 12.

② Australian Treaty Series, http://www.austlii.edu.au/au/other/dfat/treaties/1974/2.html, 2011年11月10日登录。

③ Sharif Bhuiyan, *National Law in WTO Law: Effectiveness and Good Governance in World Trading System*, Cambridge: Cambridge University Press, 2007, p. 6.

首先，加入世贸组织的动力是中国进行法律体系改革的动因。世界贸易组织建立在严格的规则导向基础上，其严格的准入机制要求中国必须确保其国内法律体系与世贸法体系的完全相符。为了达到世贸组织的要求，中国政府在1999年与美国谈判结束后在国务院设立了专门的世贸组织领导小组，负责修改和废止各种与世贸组织规则不符的法律法规。截至2001年8月，仅国务院就修改或废止了2300多项与世贸规则不符的法规和条例，其他各部门也大规模地进行了法律法规改革。在2000年和2001年间，全国人民代表大会及人大常委会仅在外贸和外商投资方面就颁布并修改了10项法律法规。截至2000年底，国务院发展改革委员会发布了341项新法规并取消了124项限价规定；国家经贸委废止了13项原有的行业法规；中国人民银行废除了9项与世贸规则不符的法规；农业部废止了11项法规。各级地方政府也相继废止了与世贸组织规则不符的法规和行业条例。① 孔庆江曾如此评价这次改革："这是新中国历史上第一次为使中国的法律体系符合国际法标准而做出的法律体系改革，其规模之大和决心之彻底前所未有。"②

其次，司法独立是世贸组织公平、透明原则的具体要求。中国法律体系的改革能否成功、法律在公众中的信誉能否真正确立，关键在于司法公正的实现。由于体制等因素的影响，中国虽然在形式上实行司法与行政互相分离，但在审判权力的行使上并不完全独立。为此，中国在入世的准备阶段就开始进行司法体系的改革。1999年2月20日，最高人民法院提出了法院改革的五年计划（1999—2003），就保障司法权独立、司法体系统一、法官判案公正公开等做了很多具体规定。为进一步改革中国的司法体系使之符合世贸组织的要求，最高人民法院在2001年8月正式成立了"入世司法准备工作领导小组"，全面负责全国司法体系改革和入世后对世贸组织相关条约义务的履行。接着，又出台了《关于清理与世界贸易组织有关的司法解释工作安排》，对不符合世贸组织规定的法律法规进行修改或废止。根据2001年11月最

① Qingjiang Kong, p. 61.

② Qingjiang Kong, p. 61.

高法院新闻发布会上公布的统计数字，截至当天，最高院已经修改或废止了1200多项与世贸组织法不符的司法解释。[①] 无论在加入世界贸易组织之前，还是入世之后，中国作出的种种努力都是其接受并内化世界贸易组织规范体系的结果，是中国获得国际信任的制度基础。

（3）自由贸易规则体系的完善是获得国际信任的保证。

世界贸易组织的目的之一是在世界范围内推广自由贸易制度，其基本原理是资源要按照市场规则进行优化配置，反对任何人为因素对经济的控制和干扰，主张所有参与方都按照自由竞争的原则获取比较优势利益。因此，"非歧视"原则是世界贸易组织的根本原则。中国加入世贸组织就意味着要在各种内外贸易活动中严格遵守"非歧视"原则。

进口贸易中的贸易保护主要有关税和非关税贸易壁垒两种。在关税方面，中国在1999年与美国的谈判中首次明确了中国降低关税的幅度，并在《中国加入世界贸易组织议定书》（*Accession Protocol*）中进行了明确说明。尽管中国的关税平均降幅与世界贸易组织发达国家之间还有很大差距，但中国已经按照世界贸易组织原则在货物贸易和服务贸易领域对关税进行了全面的大幅削减。在非贸易壁垒方面，中国承诺从正式成为世贸组织成员开始将全面履行世贸组织关于非关税壁垒的各种规定。例如关于进口许可证的申请，中国承诺将按照《进口许可程序协定》第二条的规定，实行许可证自动授予机制。对于在1999年规定的35类实行进口限制的商品[②]，如果名单发生任何变化，中国将在官方杂志《对外贸易经济合作部公报》（MOFTEC Gazette）上提前一个月进行公告。在关于产品属地、海关估价和反倾销法执行等方面中国也全面执行了世贸组织的相关规定。

在出口贸易方面，中国关于出口征税的做法兑现了在《中国加入世界贸易组织议定书》中的承诺。但在出口限制方面中国与世贸组织的规定还有一定差距。根据原关贸总协定第六条的规定，只有在特定

① Qingjiang Kong, p. 61.

② Qingjiang Kong, p. 61.

情况下为了缓解粮食等重要资源的紧缺才可以暂时施行有条件的出口限制。尽管中国已经大幅削减了出口限制的货品的数量，但其份额占出口总体的份额仍旧较高，占出口商品总数的10%。[①] 对此中国承诺将遵守世贸组织关于非自动出口许可证和出口限制的有关规定进一步减少出口限制的商品数目。

标准是评价贸易活动和产品质量的基础，中国在标准的国际化方面也作出了积极的努力。为了达到世界贸易组织的要求，中国在过去20年里采用国际权威标准体系的比重从12%增加到了40%。[②] 而且根据世贸组织“透明原则”的规定，在各项标准和规范的制定中，中国都把制定标准的程序和根据对公众进行了公示并在规定时间和范围内听取了公众意见，同时对最终制定的标准文本进行了公示和公开发行。根据世贸组织的“国民待遇”原则，中国承诺对国内和进口产品实行同等的质量检验标准，国家质量监督检验检疫总局以行政法规的形式从制度上改变了带有歧视性的对国外和国内产品实行双重检验标准的做法（对国外产品的要求高于对国内产品的要求）。这些根据国际标准进行的国家行业标准调整是中国接受国际规范的具体表现。

2. 接受国际规范使国家行为具有可预测性和可监察性

在国际无政府状态下，国家行为的可预测性是进行国际合作和国家获得国际信任的基础。国家行为的可预测性是指在特定的条件下国家行为的稳定性。在国际无政府状态中，国家行为的唯一导向是国家利益，对国家利益的追逐常常使国家的行为反复无常。在以国际公利为基础的国际公共产品框架中，国家利益的实现必须在国际公共规则框架内进行，即国际公共产品的规则体系和惩戒机制对国家行为有高度的规范和约束作用。在规则导向的国际合作体内，每个成员都可以根据明确的规则和制度对其他成员的行为做出预测和判断。共同规则体系内成员行为的可预测性极大减少了囚徒困境的出现，促进了成员间信任的建立和合作的完成。

---

① K Qingjiang ong, p. 61.

② Ibid.

首先，严格的公共规则体系是成员国行为具有可预测性的制度性基础。

世界贸易组织严格的规则和制度体系是成员间建立彼此信任的机制性保障。半个多世纪的发展使世界贸易组织（关贸总协定）成为国际贸易领域影响重大的全球性公共产品，其规则和制度体系得到了成员国的高度认同和遵守，具有国际法的权威和效力。1994年世界贸易组织取代关贸总协定之后，其作为全球公共产品的规则体系更加严格，准入机制就是一个典型例证。世界贸易组织规定，任何新加入世界贸易组织的国家必须根据世贸组织的规定改革国内规则和制度，而且一旦申请成功就必须全面接受世贸组织的所有各项约定。《1994年关税与贸易总协定》马拉咯什议定书第十六条第四款明确规定：“任何成员国必须确保本国的法律、规章和行政程序符合附加条约中的规定”①，即任何国家在正式成为世贸组织成员之日，必须保证其国内法律法规不违反世界贸易组织的原则和约定，如果有与世界贸易组织规定不符或矛盾之处，本国法律要进行修改或撤销。在其他具体条约中对世界贸易组织的法律效力也有明确规定，例如关于反倾销、反补贴、进口许可证的颁发、装船前监察等。② 世界贸易组织不仅规定了各国中央政府必须遵守世贸组织规则的责任，对地方政府的责任也做了明确规定。例如关贸总协定第二十四条第十二款就规定：每个成员国都应该采取其能够采取的适当措施保证该国各级政府对世贸组织各项条约的遵守。③ 为了确保各成员国能够遵守世界贸易组织的规则，世贸组织规定任何国家、个人或公司都可以对违反世贸组织规定的国家或经济法人启动争端解决机制，要求利益损失赔偿。沙勒夫·布赫岩（Sharif Bhuiyan）把世界贸易组织法对成员国国内法的规范作用概括为四点：第一，确保国内法规定与世贸组织法的规定相符并保证该国履行对世

① Marrakesh Declaration of 15 April 1994 (final act), http://www.wto.org/english/docs_e/legal_e/04-wto.pdf，2011年11月10日登录。

② Marrakesh Declaration of 15 April 1994 (Annex 1) , http://www.wto.org/english/docs_e/legal_e/legal_e.htm#finalact，2011年11月10日登录。

③ The text of General Agreement and on Tarrifs and Trade, http://www.wto.org/english/docs_e/legal_e/gatt47_e.pdf, 2011年11月10日登录。

贸组织的承诺；第二，确保国内法律体系的透明——成员国必须通过公开发行法律文本，并向世贸组织其他成员国公告其法律法规内容及任何变动；第三，按照世贸组织规定的统一、公正、中立、合理等原则执行本国法律；第四，确保本国法律执行的程序和救济机制为各成员国所知。[①] 中国与其他成员国一样，其行为受到世界贸易组织的严格规范和监督，如果有违反规定的行为出现，世贸组织就会启动相应的惩戒机制对违规成员国的行为进行制裁。在严格的规则导向的国际公共产品框架内，原本无序的国家行为变得有章可循。国家行为的可预测性大大降低了无政府状态下国家之间固有的不信任，降低了由此造成的高昂的合作成本和合作风险，使国际合作成为有利于各国利益的理性选择。特别对于中国这样的原属体系外的国家，世贸组织严格的规范框架可以极大消除国际社会对中国的疑虑和不信任，促进中国与国际社会的合作。

贸易摩擦是国际合作中难以避免的消极因素，处理不当会导致合作破裂和国家采取非理性的单边行为。在国际合作中，国家频繁出现非理性行为会极大损害合作伙伴之间的信任。如果国家行为只受本国意志支配而没有任何外在约束，则合作方无法对合作对象的行为和意图作出预测和判断，这种不安全的合作环境会使合作方对合作对象的政策和行为的稳定性产生怀疑，从而导致合作失败。为了避免贸易摩擦和争端给国际合作造成损害，关贸总协定从成立伊始就建立了争端解决机制。1994年的乌拉圭回合进一步对争端解决机制进行了完善，使其成为“当今国际法体系中具有强制力的涉及面最广的解决争端的复杂体系。”[②] 其判决对所有成员都有“强制性”、“排他性”和“自动性”效力。[③] 所谓“强制性”是指争端解决机制的裁决对成员国有同等的强制约束力；“排他性”是指争端解决机制是世贸组织框架内唯一的仲裁机制，对所有成员国间的贸易摩擦都有裁决权；“自动性”是指任何国家在成为世贸组织成员之时无须任何准备程序可以直接自动启

① Sharif Bhuiyan, p.10.

② Sharif Bhuiyan, p.7.

③ Ibid.

用争端解决机制。同时，为了使争端解决机制能够在主权国家间的纠纷中发挥决定性作用，世界贸易组织赋予了争端解决机制高于国内法的国际法效力。"国际法已经扩展到传统的国内法领域内，这已经是事实。在人权法、环境法、经济法甚至有关国家治理的法律领域内更是如此。国际规则的制定使国家政府只拥有有限的制定规范的空间。"①

信任是国际合作的基础，对合作对象的了解则是信任产生的第一步。中国要参与国际合作首先要接受国际规范，按国际规则行事，以使国际社会相信中国的行为在稳定的规则体系内是可以预测的。合作各方只有在彼此行为可预测的基础上才能建立起基本的信任，而后才能进行合作。制度的差异、信息和交流的匮乏使中国和国际社会之间曾长时期处于彼此猜测的不信任状态。"中国是现有国际机制的迟后加入者，在其加入国际体系的时候，很多大国或中等国家已经在国际上建立了自己的声望并参与了国际机制的塑造。中国对国际社会的信息极度匮乏，对国际机制的规则、规范和各国情况一无所知。"② 中国加入世界贸易组织后，在世贸组织严格的公共规则体系内，体系内其他成员可以通过该体系的规则框架了解中国的意图并可以预测中国的行为；同时，中国在该体系内稳定的表现也在该体系内为自己赢得良好声誉，进而为中国在相关领域进行更深入的国际合作建立基础与信誉。

其次，透明的信息共享机制是成员国行为具有可监察性的制度保障。

信息共享是国家间建立互信的基础。信息共享可以使国家增进了解降低交易成本。基欧汉曾说："加入国际机制的一个最重要的作用就是国际机制可以使成员国与其他成员之间进行的合法性谈判中降低交易成本。"③ 按照平等原则，任何成员国都要按照该国际合作机制的规定向其他成员国提供对等的信息资源。实际上，对本国信息的充分提供往往是该国能否成为某个国际组织成员的基本条件。主要的国际机

① Wolfrum, "Legitimacy of International Law from a Legal Perspective," in Rüdiger Wolfrum and Volker Röben, eds., *Legitimacy in International Law* p. 12.

② Marc Lanteigne, introduction.

③ Mark Lanteigne, introduction.

制和组织都在成员准入机制方面规定了信息的公开透明原则。国内贸易规则和制度体系的透明是世贸组织对获取成员国资格的基本要求。

法律作为具有最高权力效力的规则体系对国家行为有决定性影响。因此，世贸组织规定，各成员国法律法规的信息情况必须对所有成员公开。“透明原则”与“非歧视原则”都是世贸组织的根本性原则。世界贸易组织的“透明原则”具体表现为相关法律法规文本的公开发行；法律实施前的社会听证；只有经过社会公布的法律才能予以实施等。[①] 1947年成立的关贸总协定的第十条中明确规定了“透明原则”的具体内容。该条规规定：“对于任何成员国国内颁布的具有普遍适用性的法律、规章、司法决定和行政命令，如果关系到产品的关税评估、税率、税费及其他收费项目；或有关出口或进口方面的要求、限制或禁止或由此产生的付费转移；或事关该产品的价格、分布、交通、保险、出入库检验、展示、加工或其他用途，都要及时公开发布，以使各成员国政府或贸易伙伴悉知。”[②] 其他的条款还间接规定，各成员国要告知其他成员国该国关于配额、补贴、政府补助、国企运营等方面的贸易政策。此外，关贸总协定还补充了很多关于信息透明的规定。例如1964年在《贸易信息和贸易促进领域的合作建议》中（*Recommendation on Cooperation in the Field of Trade Information and Trade Promotion*）就规定，“第十条中规定的要求各成员国在其国内公开发行的法律，各成员国应该向秘书处及时提供副本。”[③] 1994年，世界贸易组织又规定了任何成员国相关法律的变化也必须及时通知世贸组织。[④] 世贸组织要求各成员国公开本国法律有两个原因：一是国家间的贸易交往必须要了解对方的法律法规；第二，只有各成员国公开本国的法律法规，世贸组织才能判定其立法和执法环节中是否存在与世贸组织规定的不符之处，以及时履行其对成员国的监管职能。

---

① Sylvia Ostry, “WTO Membership for China: to be and not to be?” in Cass Deborah Z. et al., eds., *China and the World Trading System: Entering the New Millennium* p. 35.

② The text of General Agreement and on Tarrifs and Trade, http://www.wto.org/english/docs_e/legal_e/gatt47_e.pdf, 2011年11月10日登录。

③ Bhuiyan Sharif, p.71.

④ Ibid.

政府主导下的计划经济曾经在中国的建国初期发挥了积极作用，但在向市场经济转型过程中，计划经济体制暴露了很多弊端。弊端之一就是法律法规的透明度不足。对曾经是计划经济体制主体的国有企业，通常可以凭借其深厚的政府背景充分获取法律信息而实现自身利益的有效维护，而外资企业、私营经济等其他市场主体由于信息渠道所限，难以充分获取相关法律信息，增加了其维护权益的成本。世界三大会计师事务所之一的普华永道就曾公开批评，中国是世界上法律体系最不透明的国家。[①] 因此，在计划经济向市场经济转型的过程中，中国政府必须致力于建立健全更加完善的法律规章公示机制，以满足市场经济发展的要求。加入世界贸易组织为中国法律体系的进一步透明化提供了有利的外部动力。

中国实现法律体系的透明化是加入世贸组织的第一步。时任外经贸部副部长的龙永图在中国入世前夕曾公开表示："我们必须创造一个新的文化观念——在清水中也会有鱼。"[②] 1991年，中国把所有中央政府颁布的与贸易有关的法律法规全部公开发布，各省也公开发布了相关法律法规。《对外经济贸易部公报》(The MOFTEC Gazette)被定为中央发布法律法规的官方杂志。中国承诺与货物、服务、知识产权，外汇管制等有关的各项法律法规必须首先公开发行，使世贸组织的成员国、个人和企业能够获得文本后才宣布生效。同时还保证，中国政府会应世贸组织的要求在上述各项法律法规实施之前向各成员国提供相关法律文本，并尽最大可能向世贸组织成员提供一种或多种世贸组织官方语言的翻译本，最迟不超过法律实施后的第90天。[③] 2001年11月16日，国务院还颁布了《行政法规制定程序条例》(*Regulations on the Procedures for Enacting Administrative Regulations*)和《规章制定程序条例》(*Regulations on the Procedures for Enacting Ministerial*

---

① Alice E. S.Tay and Hamish Redd, "China: Trade, Law and Human Rights", in Cass Deborah Z. et al., eds., *China and the World Trading System: Entering the New Millennium* p. 160.

② Alice E. S.Tay and Hamish Redd, "China: Trade, Law and Human Rights", in Cass Deborah Z. et al., eds., *China and the World Trading System: Entering the New Millennium* p. 160.

③ Kong Qingjiang, p. 35.

Rules）[①]。此两部法案不仅规定了国务院和各部委颁布行政法规的相关程序，更重要的是在中国立法史上第一次明确规定，政府在颁布新的行政法规之前要举行听证会，对公民、法人和其他组织就相关的法规进行公告。在此之前，中国大部分行政法规从颁布之日起就开始执行。此两个法规的执行日期比颁布的日期要滞后一段时间（均从2002年1月1日起实施），以便民众利用这段时间差对该法规进行讨论和评议。

中国国内法律体制的透明不仅为中国与贸易伙伴之间建立互信提供了制度保障，而且对中国国内贸易和经济的法制化以及民众法制意识的提高都有积极的促进作用。

二、使用国际规则维护自身利益

世贸组织成员身份既意味着对该公共产品规则体系的遵守，也意味利用该规则体系维护本国利益，即成员身份也意味着对该国际公共产品制度软权力的获取。中国成为世界贸易组织的成员，不仅通过遵守该规则体系获得了国际信任，而且还通过合理使用该规则体系维护了本国利益。

作为世界贸易组织的后期加入者，中国对其规则的使用经历了一个学习的过程。在2001到2006年中国入世五年的过渡期内，中国政府对采用世界贸易组织争端解决机制非常谨慎，没有十分的必要和必胜的把握绝不轻易启动。中国的此种做法既有新成员对世界贸易组织规则体系不熟悉的原因，也有东方传统思维模式的影响。争端解决机制作为复杂的法律体系，“只有极少数几个 WTO 成员政府（以美国、欧盟为主要代表，加拿大、澳大利亚、新西兰等为补充）能完全依靠政府法律力量处理 WTO 各项争端事务，特别是提交法律书面陈述和听

① 中华人民共和国中央人民政府网，http://www.gov.cn/zwgk/2005-06/03/content_4141.htm，http://www.gov.cn/zwgk/2005-06/03/content_4138.htm，2011年11月10日登录。

证会辩论问答，其他绝大多数成员均需求助于外部法律支持。"[①] 无论在政府机构、专业人员、还是经验等方面中国都处于弱势，中国加入世界贸易组织初期的重点是通过观察其他成员国的做法学习世贸组织规则的使用。而且中国传统观念认为"和气生财"，"诉诸公堂"可能会影响彼此的合作关系。因此，在入世初期阶段中国对于摩擦和纠纷总是通过单方面的让步和外交磋商途径加以解决。

从2007年开始，中国开始从世贸组织的学习者转变为世贸规则的使用者。这既是客观形势的要求，也是中国主观观念变化的结果。在这一年里，世界贸易组织成员对中国共提起4起争端解决案件，占所有13起案件的31%。作为多起案件的应诉方，中国必须学会运用世贸组织的规则维护自身权利。经过五年的学习，中国也做好了运用争端解决机制维护自身权益的准备。2007年9月18日，中国政府就美方对铜版纸反补贴暨反倾销措施提起了世界贸易组织争端解决项下的磋商请求，这是中国第一次作为独立申诉方向世贸组织提交争端解决案件。"本案是中国第一次作为独立申诉方提起WTO争端解决，标志着中国政府对利用WTO争端解决机制态度的转变。"[②] 随着中国对世贸规则的熟悉和国际贸易活动的增多，中国政府对争端解决机制的态度也更加务实。2008年初，商务部部长陈德铭在全国商务工作会议上要求："善于运用多边规则处理贸易争端……对其他成员损害我方利益的行为，也要善于运用世贸组织争端解决机制。"[③] 随着中国经济的发展，中国在贸易领域与世贸组织其他成员国之间的摩擦不断增多，2009年世界贸易组织争端解决机制中涉及中国的案件达50%之多。中国超越美国、欧盟成为当年争端解决活动的中心。在不断成为被起诉对象的过程中，中国既有教训也积累了经验，并逐步开始主动利用规则进行反击。2009年，中国就美国

---

① 纪文化：《加入WTO十周年：中国参与争端解决机制的宏观问题和应对之策概析》，《世界贸易组织动态与研究》，2011年5月第18卷第3期，第18—24页。

② 龚柏华：《中国入世十年主动参与WTO争端解决机制实践述评》，《世界贸易组织动态与研究》，2011年9月第18卷第5期，第9—18页。

③ 陈德铭：《深入贯彻党的十七大精神，全面开创商务工作新局面》，《国际商报》，2008年1月21日A7版。

限制我国禽肉进口向争端解决机制提交了磋商申请，最终世贸组织专家组裁定中国胜诉。这是“中国在加入世贸组织以后作为申诉方第一次在专家组阶段的‘完胜案’”。① 同年，中国还就欧盟对中国紧固件采取的反倾销措施提起磋商请求，此案件也以中方的胜诉告终，这是中国入世以来对欧盟第一个胜诉案件。此两个案件的胜诉表明中国已经完成了从规则的被动适应者到规则的主动运用者的角色变化，实现了对世界贸易组织制度性软权力的获取，使本国利益获得了国际权力机制的保障。近年来，随着我国对外贸易规模的扩大，中国应用WTO争端解决机制的频率不断上升。截至2013年12月，中国在WTO起诉案件共计12起，被诉案件19起(按照WTO统计为31件)，中国还作为第三方参与了103起争端解决案件。②

第三节　提供公利获得国际声誉——对增值价值的贡献

作为国际公共产品，世界贸易组织的价值来源于其体系内成员集体需求的满足程度。在国际无政府状态下，只有建立在集体共识基础上的规则体系才能保证成员国行为的稳定和有序。因此，国际公共产品价值的核心是公共规则体系的权威性，即遵守该规则体系的成员数越多，对规则遵守的情况越好，其国际公共产品的软权力价值就越高。因此，每个成员国在该公共产品体系内的表现都构成了该国际公共产品权力价值来源的一部分。“作为公共产品的国际贸易机制的充分供给，既需要国际层面的投入也需要国家层面的投入。”③ 金素恩认为，中国加入世界贸易组织有三个重要意义：第一，作为世界第四大

① 龚柏华:《中国入世十年主动参与WTO争端解决机制实践述评》,《世界贸易组织动态与研究》，2011年9月第18卷第5期，第9—18页。

② 法治网,《中国积极参与WTO争端解决机制》，http://epaper.legaldaily.com.cn/fzrb/content/20140107/Articel10003GN.htm，2015年6月7日登录。

③ Olga Memedovic et al, eds., *Public Goods for Economic Development*, Vienna: United Nations Industrial Development Organization, 2008, p. 73.

贸易国和最大的发展中国家，中国的加入是世界贸易组织发展中的重大事件；第二，作为非市场经济体，中国的加入对世界贸易组织如何通过完善规则和制度体系以适应转型经济体提出了新的问题。第三，中国被西方国家认为是经济转型成功的典范，对后来的转型国家起到了示范作用。[①] 作为世界上人口最多和经济发展最快的国家之一，中国加入世界贸易组织极大增加了世界贸易组织作为国际公共产品的公共性基础，对世贸组织的功效性、合法性等软权力价值都有很大贡献。同时，作为世界最大的发展中国家，中国加入世贸组织本身就是对世贸组织功能性价值的贡献。"所有有识之士都认为，没有中国参加的世界贸易组织不可能真正有效。中国加入给世贸组织带来了世界最大的市场（人口）和其成为世界第一大经济体的希望。"[②] 同时，中国对世界贸易组织规则的接受也增加了自由贸易制度在世界经济体制中的权威性。中国作为发展中国家代表，其正式成员身份的获得加强了发展中国家在世贸组织中的代表性，对更加合理的世界规则体系的形成有积极的促进作用。而且，中国独特的文化背景和改革实践可以从新的视角对世界贸易组织体系公平和效率的完善做出贡献。

一、对世界贸易组织功效价值的贡献

世界贸易组织副总干事亚历杭德罗·哈拉（Alejandro Jara）表示，加入世贸组织六年来，中国非常好地履行了各方面的承诺，中国经济的迅速增长和对外贸易的不断扩大是其对世界经济的重要贡献。哈拉指出，中国履行加入世贸组织承诺的记录是非常好的。加入世贸组织以来中国的进口迅速增长，为世贸组织全体成员特别为发展中国家的产品进入中国市场提供了重要机遇。同时，中国还吸引了大量外资为

① Soo Yeon Kim, p. 120.

② John H. Jackson, "The Impact of China's Accession on the WTO," in Cass Deborah Z., et al., *The Constitutionalization of the World Trade Organization,*eds., p. 24.

发达国家提供了机遇。所有这些都促进了世界经济的良性增长。[①] 以减少贸易壁垒为例。20世纪90年代初，中国开始大规模削减非关税壁垒，不仅将需要进口许可证和贸易配额的产品数量从1992年的1247件削减到1999年的261件，同时还大幅度降低了各种关税。特别是1997年10月关税改革将平均关税水平降到了20%以下，平均关税降幅达到50%以上。[②] 中国对加工贸易和外商投资提供了格外优惠的关税政策，此类进口的75%享受零关税或大幅减免关税，其中加工贸易免除的关税占50%；外商首次投资享受零关税的占10%。[③] “从2005年1月1日起，我国将再次降低900多个税目的关税税率，关税总水平也将由2004年的10.4%降低至9.9%，其中农产品平均税率将由15.6%降低到15.3%，工业品平均税率将由9.5%降低到9.0%。此次降税完全履行了我国承诺的2005年降税义务，充分说明中国政府是信守承诺和负责任的……具体说来，明年进口小轿车的关税将由目前的34.2%和37.6%降至30%；进口化妆品的关税将由14.2%降至10%；威士忌、烈性葡萄酒、伏特加酒等酒类产品的关税将由19.2%降至10%。其他一些诸如服装、床上用品、纸制品的关税也都会有不同程度的下降。另外，2005年还将新增加一批零关税商品，如数码相机、家用摄录一体机、家具、玩具、游戏机等。”[④] 即使在中国政府着力保护的农产品领域，中国也在逐步削减关税。2001年加入世界贸易组织前，中国的农产品平均关税为54%，加入时降为23.2%，目前仅为15.2%，而现行非农产品平均关税只有9%。[⑤]

除了向世界提供了广大的市场外，中国加入世界贸易组织的行为

---

① 刘国远：《世贸组织官员：中国对世界经济增长贡献重大》，www.stockstar.com 2007-10-31 http://finance.stockstar.com/JL2007103100201805.shtml 2001年9月20日登录。

② Elena Ianchovichina and Will Martin “Trade Policy Reform and China’s WTO Accession,” in Cass Deborah Z., et al., eds., *The Constitutionalization of the World Trade Organization*, p. 97.

③ Elena Ianchovichina and Will Martin “Trade Policy Reform and China’s WTO Accession,” in Cass Deborah Z., et al., eds., *The Constitutionalization of the World Trade Organization*, p. 97.

④ 中国财税法网，《就2005年关税调整有关情况答记者问》，http://www.cftl.cn/show.asp?c_id=31&a_id=3305，2011年9月20日登录。

⑤ 《中国进口关税可望进一步削减》，载《中国证券报》2008年11月24日版，来自人民网，http://finance.people.com.cn/GB/8392995.html，2001年9月20日登录。

本身还增加了世界贸易组织作为国际公共产品的“示范性”价值。即，作为原体系外大国，中国的加入对世界贸易组织体系外国家起到了强烈的示范、吸引作用。世界贸易组织专家约翰杰·克逊评论说:“中国入世谈判成功的重要意义不仅因为中国本身（对世界经济）很重要，还因为中国对世贸规则的接受为今后（其他体系外的国家的加入）类似情况提供了重要的先例，例如将来可能发生的俄罗斯和苏联成员国的加入。”①

二、对世界贸易组织合法性价值的贡献

世界贸易组织作为全球性公共产品，公正和民主是其合法性和权威性的基础。世界贸易组织虽然具有众多成员国并在世界贸易中发挥着举足轻重的作用，但其公正性和民主性并不完善。发达国家从中获得了更多的权益，发展中国家和不发达国家的权益没有得到合理的主张和维护。

多边机制的公平性首先体现在成员代表的公平性。“在谈判桌上给所有的利益攸关方一个平等的席位是公正性的一个重要方面，这将保证各方利益都能够被考虑。同时也有助于提升多边协商结果的合法性和顺利执行……国际社会（特别是政府间组织）在此方面至少有两个主要问题，其中一个就是发展中国家的代表性是否被充分实现……”②“由于这些（国际）机制制定标准和规则的能力不断增强，其对国家及国民的约束力也更强，（发展中国家）对国际机制制定的规则更加无能为力……根据世界银行的统计，在1997年中，发达国家平均有6.8人参与了世贸组织各种事务的处理，而发展中国家只有3.5人。”③ 孟德萨（Mendoz）和巴哈杜尔兹（Bahadurz）也明确指出，“自由贸易”

① John Jackson, p. 330.

② Albin Cecilia, “Getting to Fairness: Negotiations Over Global Public Goods,” in Inge Kaul et al., eds., *Providing Global Public Goods: Managing Globalization* p. 271.

③ Merilee. S. Grindle, “The Developing World,” *Governance in a Globalizing World*, in Nye & Donahue, eds., p.190.

不等于“公平贸易”。他们认为，现行的贸易体系是一种自由贸易而不是真正意义的公平贸易。[①]“真正公平的贸易机制不应该损害发展中国家的利益。现行的国际机制却做不到这一点。例如哈里森（Harrison）、路萨尔福特（Rutherford）和塔尔（Tarr）的统计表明，仅仅乌拉圭回合的谈判结果就使发展中国家每年净损失160亿到300亿美元……”[②]

中国作为世界人口第一大国和最重要的发展中国家，加入世界贸易组织无疑增加了世界贸易组织的公共性基础，其本身作为最大的发展中国家无疑可以加强发展中国家在世贸组织中的代表性和地位，从而增加世界贸易组织的公利性和公正性价值。在增加世贸组织价值的同时，中国自身的信誉和威望也会得到相应提高。这既是中国对国际公共产品增值价值的贡献，也是国际公共产品本身增值价值的体现。

三、对世界贸易组织制度价值的贡献

世界贸易组织作为具有全球影响力的公共产品，其功效价值和合法性价值得到了国际社会的普遍认可，但其作为国际机制本身还有很多不完善之处。特别是随着国际经济发展和新成员的不断加入，国际经济贸易活动中出现了更多更复杂的问题。旧的规则和制度无法解决现存的所有问题，改革和创新势在必行。一些改革已经在进行中。约翰·杰克逊对此有很具体的评述：“显然二战以后建立的国际贸易系统是在对自由市场经济原则和规则认为理所当然的基础上建立的。关贸总协定规则的制定也是出于这种思维模式。但是，世界上还有很多重要的国家没有施行此种经济模式，即使在市场经济体制中，也不是所有的机制都遵循自由市场的运行原则，例如国营贸易部门或国家垄断、国有工业等。这些情况的存在对关贸总协定（世贸组织）是重大的理论问题。如果该组织吸收的成员没有实行自由市场制度，该组织是否还会继续存在和发展？该组织是否只能吸收那些相对而言实行‘市场

① Olga Memedovic et al, eds., p. 58.

② Ibid., p. 64.

导向’制度的国家？像中国和俄罗斯这样的非市场经济和经济转型国家是否可以进入到该组织中来？如果可以，应该在什么样的条件下？同样，在不造成成员国之间关系紧张和对立的基础上，此组织能否把成员国很大部分的处于关贸总协定（世贸组织）正常规范体系外的经济运行纳入关贸总协定（世贸组织）体系中来？”[①] 作为世界最大的从计划经济向市场经济转型成功的代表，中国正式加入世界贸易组织无疑会对这些问题的成功解决提供独特的经验和思路。

中国加入世界贸易组织丰富了世界贸易组织的规则内涵。《中国加入世界贸易组织议定书》中对一些具体规则的规定与原有世贸组织规则有一定不同，例如在国营贸易、政府补贴、特定产品的保护等方面并没有完全遵循发达国家惯例，而是根据发展中国家的实际情况做了具体调整。虽然有些人认为这些调整破坏了世界贸易组织法律体系的权威性，但也有学者认为这些规则的调整是对发展中国家利益的合理考虑，是世贸组织作为国际公共产品对其产品功能的完善和发展。因为“与现行的法律相异的做法可以成为改变该法律的一个方式——也是为改善国际公共产品供给状况而有必要采取的一个步骤。当国家的行为与现有的法律规定不符，并且这些不符被其他国家认为是合理的，这些不符就可以成为国际习惯法的一部分。”[②] 中国作为发展中国家和世界新兴经济体，同时还是一个具有悠久历史和东方思维智慧的大国，其加入贸易组织可以给世贸组织规则的完善提供不同于西方资本主义国家的独特经验和智慧。

小　结

世界贸易组织作为全球性的国际公共产品，其功效性、合法性和权威性已经得到国际社会的普遍认可。中国不是该国际公共产品的

① John Jackson, p. 325.

② Scott Barrett, p. 195.

塑造者，没能如美国一样利用创始国身份通过制定规则来实现本国利益。但即使作为后来者，中国同样有机会通过“参加”国际公共产品的提供而获得该国际公共产品的软权力，因为国际公共产品本身是建立在国际公利和共识基础上、以利益回报的“非排他性”为基础的开放体系，任何参与其中的国家都可以分享其公利价值。即“参加”已经成立的国际公共产品也是国家在国际层面获得软权力的有效途径。

第5章

国际公共产品中的权力变革

当今世界的政治和经济形势比“二战”刚刚结束时要复杂许多。新技术的出现、国际分工的细化和大批发展中国家的兴起，这些新变化在重新塑造国际经济结构和经济活动方式。人们需要思考现行的国际体系要进行何种调整才能适应全球经济与地缘政治结构的重大转型。现有的国际公共产品——国际货币基金组织、世界银行、世界贸易组织等——是继续存在下去还是会被新的公共产品所取代？如果存续，这些现有的国际公共产品需要如何完善才能适应新形势的需求？

布雷顿森林体系的三个支柱性公共产品都面临合法性与效率性的重大挑战，特别是这些公共产品原有的权力分配方式与现有的国际政治权力结构之间的矛盾。为此，国际货币基金组织与世界银行任命了高级别委员会专门负责其内部机构改革。世界贸易组织也提出了著名的《萨瑟兰报告》[①] 为其自身改革指明了方向。

基于公共性需求而产生的国际公共产品自身具有成长性，会根据市场需求对自身进行调整与改革。国际多边贸易机制从 GATT 演变到 WTO 的进程本身已经显示了该国际公共产品自我完善的能力。以解决

① 世界贸易组织于今年2005年1月发表了WTO运作方式咨询委员会的报告——《WTO的未来（The Future of the WTO: Addressing Institutional Challenges in the New Millenium）》（即所谓萨瑟兰报告）。报告中讨论了WTO多边贸易机制的问题并指出了改革方向。

成员间的争端问题为例，WTO 的争端解决机制比 GATT 时期有了重大改进：建立了统一的争端解决机制，对所有成员国有同等效力；清晰界定了争端解决程序的时间，提高了诉讼效率；采用了“反向协商一致原则”，保障了申诉方利益；建立了上诉制度，保障成员国的申诉权。[①] 这些都反映了 WTO 作为国际公共产品本身的完善和改革能力。本章从时代变化、WTO 自身的不足及今后改革的方向三个方面分析作为国际公共产品的多边贸易体制如何进行自身完善。

第一节　全球化对多边贸易体制的新要求

全球价值链的深度发展和新兴经济体的涌现，为全球化的多边贸易深度发展提出了新的挑战。基于比较优势理论的单纯性贸易开放法已经无法满足经济全球化的深层次需求。自由化受到了前所未有的质疑和挑战。但是，这些挑战本身并不能得出多边治理体系已经过时的结论。与此相反，高度区域化、行业化的国际合作和多边会谈恰恰表明世界比以往更加需要多边合作与全球性治理，全球化要求更高级别更有效率的多边治理。世界各国对多边贸易体制寄予了很高期望。从 GATT 到 WTO，从已进行了十多年的多哈回合谈判到内罗毕部长会议，当今的多边贸易比任何一个时代都更加迅捷而复杂。作为深刻影响经济与贸易的全球性公共产品——世界贸易组织——在日趋复杂的多边治理机制中在权力结构、公众关切、权力主体等方面应对新的挑战与变化。

一、权力的结构性变化

与联合国、世界银行以及国际货币基金组织等国际性组织一样，

① [英]伯纳德霍克曼、迈克尔考斯泰基:《世界贸易体制的政治经济学——从关贸总协定到世界贸易组织》，刘平等译，北京：法律出版社 1999 年版，第 39—44 页。

WTO也脱胎于二战后的“雅尔塔体系”，是“实力导向”的制度性产物。多边贸易谈判长期由美国与欧洲主导，多边协议基本是美国与欧盟之间讨价还价的产物，日本这样后起的经济大国只扮演了协助者或追随者的角色，在权力博弈中并不能发挥决定性作用。20世纪90年代以来，一批发展中国家在全球化浪潮中经济快速增长，在国际贸易中占据了更加重要的地位。发展中国家经济实力的增长要求其在国际经济活动中享有更多权力。二战以后建立起来的布雷顿森林体系是当时美国和欧洲等国按照自身利益诉求设计的国际公共产品体系，新兴经济体对更多权力的诉求与传统强国对即有权力优势的维护必然造成了现有公共产品内部权力体系的矛盾。在乌拉圭回合结束时，一些成员被迫接受了会导致其国内出现严重政治危机的协定（例如印度接受了《与贸易有关的知识产权协定》）[①]，就是WTO成员国在进行权力博弈的结果。多哈回合拉锯式的长期谈判毫无成果也深刻说明了这一点。从WTO二十多年的实践来看，这种不同利益集团的权力博弈是导致目前多边贸易体系改革举步维艰的根本原因。

从WTO建立之初，发展中国家一直对自身权力提出诉求并进行了多轮谈判。近十几年来，WTO的多极化趋势得到了巩固和发展，中国的加入对WTO的谈判动力产生了深远影响。坎昆部长级会议以来，WTO的主要决定需要得到包括中国、巴西、印度在内的一些主要发展中国家的共识。2008年7月，中国受邀参与了“七国集团”部长小范围磋商[②]，首次进入多边贸易谈判的核心决策圈，表明中国在WTO体系内的地位上升到一个新高度，强化了WTO体系的多极化结构。当前，WTO内部出现了根据行业、地域等不同标准划分的很多利益联合体，主要的谈判集团有近20多个，每个集团都试图通过集体性诉求为自身争取更多利益。发展中国家和新兴经济体也会就特定问题组成联

① Hindley B, “What Subjects Are Suitable for WTO Agreement? ” in Daniel Kennedy et al.,eds., *The Political Economy of International Trade Law: Essays in Honor of Robert E. Hudec*, New York: Cambridge University Press, 2002, p. 158.

② 七国集团（Group of Seven, 简称G7），也称“西方七大工业国”，即：加拿大、法国、德国、英国、意大利、日本、美国；G7会议是此七国为商讨世界经济形势，协调政策而举行的首脑会议，始于1975年。

合起来。目前，几乎所有成员都参加了一个或几个这样的谈判集团。[①]这些集团大多以议题与利益为导向，成员之间灵活组合。其运作方式与乌拉圭回合中相对固定的正式联盟形式有很大区别。

二、重大关切的变化

多哈回合以来，国际经济环境发生了巨大变化，很多新议题进入全球视野，引发国际社会的高度重视。作为全球贸易领域最大的公共产品，世界贸易组织也开始关注很多与贸易直接或者间接相关的其他领域的问题，世界贸易组织的职能变得更具时代性与复杂性，不再仅仅是单纯的贸易协调机制。与此同时，有些传统议题则失去了往日的重要性，例如与农业相关的问题；一些新兴议题开始变得更重要，例如有关数据跨境流动、监管合作等。具体而言，全球性经济领域的关切有两个主要变化趋势。

第一，世界贸易组织涉及的议题更加广泛，不仅局限于传统的国际贸易领域。多哈回合谈判充分考虑了时代变化，把很多与贸易密切相关的新议题纳入谈判范围，例如贸易与环境，贸易便利化，贸易与竞争政策，贸易与技术转让，贸易与债务、金融，技术与能力建设等。新议题的数目与范围远远超出了乌拉圭回合谈判确定的议题。议题的变化表明了自由贸易机制已在全球范围确立并开始纵深发展。一方面，自由贸易制度从关税、非关税、服务市场准入等与贸易密切相关的领域转向看上去与贸易不太相关的领域，例如环境、社会治理、人口流动等。另一方面，这些新议题将使世界贸易组织与成员国的国内政策与行为紧密相关，国际与国内两个层面使成员国的法律、政策、社会管理等方面更加紧密链接在一起。世界贸易组织的公共性权力将在国际和国内两个层面同时发挥更大作用。

第二，出现了更多反映发展中国家诉求的新议题，促进了发展中

---

① 裴长洪、郑文：《中国入世10周年与全球多边贸易体制的变化》，《财贸经济》，2011年第11期，第5—13页。

国家与发达国家之间的利益平衡。在世界贸易组织的新议题中，既有发达国家所关注的贸易与环境、政策监管、贸易便利等提议，也有发展中国家所关注的贸易与技术转让、贸易与金融合作等议题。最不发达国家的议题也比以往受到了更多重视。多哈回合的19个议题中，13个议题涉及的都是发展中成员和最不发达国家关注的谈判内容，其中有6个议题时专门针对发展中成员和最不发达国家。而且国际公民社会的成长使得更多民众以不同的利益相关方的身份参与到全球经济治理中来。

第二节　WTO权力结构的不平衡

WTO是具有高度权威性与效率性的全球公共产品。作为实力政治的产物，WTO架构建立之初就在合理性与公平性方面存在缺陷。随着多边贸易体制不断发展，WTO作为历史阶段性公共产品，其本身的功能性与效率性受到包括发达国家在内的很多成员国的质疑。20世纪末，一批发展中国家的经济开始崛起，其对WTO权力结构不平衡的质疑与要求变革的声音愈发强烈。发展中国家认为WTO机制不够公平，发达国家抱怨其决策效率低下。这些问题解决不好，会严重影响WTO承担全球经济治理任务的能力和效果。

一、WTO机制原有的弊端

WTO是二战后建立起来的众多国际组织中的一个，与其他国际组织一样需要面对有效性、合法性和效率性等要素的检验，需要根据时代变化进行改革与转型。与其他国家组织相比，WTO缺少完善的管理架构与规则制定程序。例如，它没有特定的执行机构或管理委员会；没有独立行使职责的立法机构；没有与利益攸关方进行互动的正式沟通机制等。从组织管理的角度看，WTO并不属于成熟的国际组织，只是一个成员众多的多边协调机制。全球多边贸易的发展要求WTO对全球经济活动具有更高管理与导向能力，对调节成员国与利益攸关方及国际社会本身发挥更大作用。

WTO的一些问题来自于对GATT架构的继承。这些问题包括决策机制、争端解决机制的透明度等。GATT第25条规定，除非另有说明，GATT成员实行“一国一票”，并以多数票通过的决策机制。由于GATT成员的三分之二以上都是发展中国家，“多数通过制”的决策结果可能违背美欧等国意图，而没有美欧等支持的GATT决策在实践中难以施行。因此，GATT的“多数通过制”逐渐演变为“协商一致”原则。协商一致，并不是所有的成员都需要同意，而是指没有成员明确提出反对意见即可。在WTO的实践中，却并不是所有决策都需采用协商一致原则，WTO宪章规定了用于制定决策、制定新贸易政策规则或者修订贸易政策规则的五种不同方式。因此，在WTO的具体决策中，有时采用多数原则，有时采用协商一致原则，有时也采用绝对多数原则，形式比较灵活。实际上自1959年以来，除了1995年接受厄瓜多尔为新成员以外，无论WTO成员遇到多大分歧，无论达成共识有多大困难，无一例外采取的全部是“全体一致”原则。[①] 但“协商一致”在实践上是非常困难的一种决策方式，它的低效率经常使谈判陷入僵局或无疾而终。协商一致的弊端在多哈回合表现特别明显，它使得一切预测都显得不确定。但是，或许正是因为这样的不确定性，使得每一成员方都有动力去影响最终的结果。从多哈回合实践来看，协商一致决策原则没有为多边贸易体系提供便利，反而在一定程度上成为达成协议的障碍。很多批评者认为WTO成员的数量过大，不利于该组织内部达成一致意见或有效处理21世纪出现的各种新问题，协商一致原则容易导致谈判受阻或破裂。2008年7月，由于美国在发展中国家农产品特殊保障机制上一直不做让步，多哈回合谈判再次破裂。欧盟贸易委员彼得·曼德尔森说，所有努力仅由于一个因素而付诸东流，这“令人心痛”。他在之后的新闻发布会上说：“这是国际贸

① 裴长洪、郑文：《中国入世10周年与全球多边贸易体制的变化》，《财贸经济》，2011年第11期，第5—13页。

易体系的一次严重倒退。”。[①]

协商一致原则的弊端具体体现在可达成议题的有限与政策的失效滞后两方面。首先，协商一致原则要求所有成员对决策的所有事项取得共识，因此，当不同成员就某一议题无法达成一致意见时，该议题就可能从议程中被删除或就具体内容进行削减。多哈回合中，欧盟在新加坡会议上提出的议题就经历了这样的命运。1996年，欧盟在新加坡部长级会议上提出了四大议题：贸易与投资，贸易与竞争政策，政府采购透明度以及贸易便利化。这些议题遭到了发展中国家的反对未能列入会议议程。坎昆会议上也出现了意见不统一而无法对相关议题进行讨论的情况。由此看来，协商一致原则虽然保证了成员间平等的表决权，但却在推进多边贸易体制的进程中构成了阻碍。第二，协商一致原则要求所有 WTO 成员对协定全部内容达成共识，这样一个费时费力的行政过程的结果往往是当 WTO 达成协定时，该协议已经错过了发挥作用的最佳时机。例如，早在2008年世界粮食危机出现之前，发展中国家与发达国家就粮食补贴与关税等问题已经进行了长时间谈判，由于双方无法达成共识，一直没有全球农业协议。粮食危机的出现与 WTO 这种政策滞后性不无关系。

在协商一致原则指导下的多边贸易体系发展缓慢。在此情况下，区域贸易协定就成为一种替代性选择。截至2015年4月7日，WTO 已经收到612个区域贸易协定（货物与服务贸易独立计算）的通报，其中406个已生效。在2005年7月，这两项统计数字分别只是330以及180。[②] 目前，跨太平洋伙伴关系协定（*Trans-Pacific Partnership Agreement*）与跨大西洋贸易与投资伙伴协议（*Transatlantic Trade and Investment Partnership*）是目前最受关注的两大区域贸易协定之案例。快速发展区域贸易协定在很大程度上导致多边贸易体系的碎片化与边缘化。要改变这一趋势，WTO 必须正视其决策原则的缺陷并加以改进。

① 《外媒：世贸多哈谈判再次叫停 重启谈判遥遥无期》，晋城在线，2008年7月31日，http://www.jconline.cn/Contents/Channel_984/2008/0731/124029/content_124029.htm，2015年7月5日登录。

② WTO. RTA Database [DB/OL] April, 20, 2015, https://www.wto.org/english/tratop_e/region_e/region_e.htm, 2015年8月20日登录。

信息透明度问题也是 WTO 争端解决机制受到诟病最多的问题之一。专家小组是 WTO 争端解决的一个重要通道。在贸易争端中，很多案件并未使用上诉程序，而是通过专家小组解决的。一般情况下，专家组由三人或五人组成。WTO 规定，专家组成员不能是争端方或相关第三方成员国公民。多数情况下，专家组成员都来自发达国家。按照 WTO 相关规定，专家组的调查取证过程要秘密进行，不对 WTO 成员公开。《关于争端解决规则与程序谅解书》(*Understanding on Rules and Procedures Governing the Settlement of Disputes*，DSU） 第14条、附录3第2条、第3条都有相关规定。很多发展中国家对该过程的不透明和信息不公开可能导致的裁定结果不公平提出对该机制进行修改。多哈回合谈判中进行了关于 WTO 规则修改方面的谈判，但未达成任何有实际内容的结果。

除了这些根本制度性弊端之外，WTO 的运行机制与日常管理方面也存在不足。WTO 的监视与监督、机构能力建设、技术援助以及开展培训、与其他国际组织的合作，与非国家的利益攸关方开展合作与信息共享等方面都需要改进与完善。

二、发达国家与发展中国家的权力矛盾

争端解决机制是 WTO “王冠上的明珠”，最能够体现成员国之间的权力利益关系。作为国际贸易争端仲裁者，争端解决机制的合法性、对多边贸易体系的影响力乃至自身的生存能力等，很大程度上取决于专家小组和上诉机构是否能公正、公平地处理成员间的纠纷案件。WTO 继承了 GATT 的组织架构，但 WTO 的争端解决机制比 GATT 时期有了很多根本性进步，例如在正式裁决机制上采取了“反向协商一致原则”，建立了上诉制度，对专家小组与上诉机构人员在任职资格等方面做了更加严格的规定。

尽管 WTO 的组织架构与运行机制在专业性与效率性方面得到了大多数成员国的认同，但很多成员对 WTO 裁决的公正性有很多质疑与不满。

首先，WTO 各种法律文件的措辞比较模糊，为主观性解读预留了很大空间。这是 WTO 建立之时权力政治导向的结果。很多关键性权利和义务都采用了模糊、宽泛的界定方式，其结果是经常导致 WTO 的裁决引发法律及相关专业人士的质疑与争议。

第二，贸易的全球化发展使其与人类社会生活各领域发生了更加密切的关系，WTO 原有的管理机制没有把相关领域纳入其协调范围内。例如，随着人类贸易活动愈加频繁，贸易与环境之间产生了很多矛盾，在专家小组和上诉机构进行争端裁决活动时，究竟是要“贸易优先”还是“环境优先”，一项贸易措施可否以保护环境的名义而不被认定为事实上的技术壁垒？ WTO 对这些新出现的复杂问题没有形成系统的法规与政策，导致了很多国家间的争议与纠纷。

第三，由于历史与政治原因，发展中国家与发达国家在 WTO 权力机构中一直处于不平等地位。在 WTO 的权力框架中，发展中国家缺乏专业诉讼能力与对等报复手段。这使得发展中国家经常在争端解决的裁决结果中处于不利地位。在裁决解释中，扩大的义务大部分都由发展中国家承担，权利则大都由发达国家享有。一些成员认为，WTO 在进行争端解决活动时，尤其是在处理发展中国家与发达国家的贸易争端时，应该更多考虑到发展中国家的特殊需要。

发达国家与发展中国家的权力不平衡是 WTO 权力体系中最大的矛盾，是制约全球贸易深入发展的关键因素，很多学者对此都有相关论述。这种权力不平衡可以体现在四个具体方面。

第一，发展中国家使用WTO争端解决机制的效率低于发达国家。截至2014年3月13日，WTO 争端解决机构（DSB）已经受理474起案件，远远领先其他全球性争端解决机构。作为国际贸易的权威组织，如果把申诉和应诉作为 WTO 成员直接利用 DSB 解决争端的两种方式，参与案件数量靠前的成员可以分成二组：一组是传统的四个经济强国（美国、欧盟、加拿大和日本）；另一组是新兴市场经济体。WTO 成立18年以来，美国的争端案件数量第一（226起），接近 DSB 受理案件总数一半；欧盟的案件数位居第二（167起），超过案件总数三分之一；作为新兴市场经济体代表的中国和印度案件量接近，并列第四。

不发达国家只申诉了一起案件——“孟加拉国诉印度反倾销措施案”（DS306），而且未有来自最不发达国家的专家参与裁决过任何DSB争端案件。[①]《建立世界贸易组织协定》在序言中明确表明，WTO一个宗旨就是“积极努力以确保发展中成员，尤其是最不发达成员，能够在国际贸易增长中获得与其经济发展水平相称的份额和利益。”在WTO的实际运行中，最不发达国家在权力和利益方面往往处于最弱地位。

第二，发展中国家使用WTO的效力低于发达国家。在发展中国家提起的WTO申诉案件中，只有50%案件的被申诉方进行了全面的政策改进；而发达国家作为申诉方的案件中，其全面政策改进率是74%。WTO裁决数据显示，发展中国家作为申诉方的案件胜诉率高达93%，远远超过WTO成员的平均胜诉率88%和美欧等主要成员的胜诉率。[②] 这两组反差巨大的数字说明了WTO争端解决机制执行乏力。发展中国家即使在争端案件中胜诉，由于缺乏对等贸易报复能力，无法在胜诉的裁决中有效惩戒违约方而保障自身权益。

第三，发展中国家不善于利用WTO机制和规则维护本国利益。美国、欧洲等发达国家不仅塑造了WTO的规则框架，还占据WTO的组织空间。WTO的重要管理岗位上多数都是来自发达国家的高级管理人才，在使用WTO规则为本国利益服务方面比发展中国家占据明显优势。美国等发达国家经常凭借对WTO争端解决机制条款的专业知识，甚至通过利用制度与规则缺陷来维护本国利益。以美国为例，当DSB的裁决结果涉及美国关键或重大利益时，美国通常会采取拖延战术或者变相不执行战术，拒绝立即改变有利于本国利益的贸易制度或政策。有时，美国也会采用部分执行的策略，利用“修改——质疑——再修改——再质疑”的合理程序空间为本国相关产业转型或调整赢得时间。“外国销售公司税收待遇案”（DS108）从最初磋商请求

① 李晓郛:《WTO争端解决效应评析及对中国的启示——以最不发达国家为视角》,《海关与经贸研究》，2014年第3期，第94—103页。

② 刘力:《WTO与发展中国家》，载中国世界贸易组织研究会主编:《2004—2005中国WTO报告》，北京：经济日报出版社，2005年版，第81页。

到全部执行完毕，一共经历了九年时间。由于缺乏相应的政治实力与法律知识，发展中国家很难像发达国家一样利用WTO的制度与规则有效维护自身权益。

第四，发展中国家利用联盟手段维护自身利益的能力有限。20世纪90年代末，很多成员国，特别是发展中国家，对主要发达国家采用“绿屋会议”之类的“休息室谈判”方式表达了强烈不满，要求增加谈判过程的代表性和透明度。随着发展中国家经济实力增强，WTO内部的权力结构和运行方式也产生了相应变化。一个显著的变化就是很多发展中国家开始利用联盟形式表达共同诉求。在最为艰难的农业谈判中，各种博弈联盟数量惊人。除美国与欧盟外，其余成员几乎均以集团方式参与利益角逐，包括G10、G20、G33、G90、凯恩斯集团、非洲集团、ACP、LDCs、小岛发展中国家等。① 即便如此，WTO中大多数发展中国家，尤其是最不发达国家，在有效参与“休息室谈判”参与决策方面，能力依然严重不足。

发展中国家经济实力不断增强，其要求改变WTO权力不平等现状的要求也愈加强烈。WTO改革的重要内容就是提高发展中国家在WTO中的权力比例，更多考虑发展中国家与最不发达国家的利益诉求，增强公共产品价值属性，为全球经济贸易协调及平衡发展发挥作用。世界贸易组织前任总干事帕斯卡尔·拉米（Pascal Lamy）认为有必要“使世界贸易组织变得更加考虑发展的需求，更加考虑成员国的方便，这样世界贸易组织才能为所有人都带来好处，无论大国小国、富国强国，强国弱国，都能从中受益。”②

① ACP (Group of African, Caribbean and Pacific Region Countries；Group of the ACP；ACP)：非加太集团，指非洲、加勒比和太平洋地区国家集团，是非洲、加勒比和太平洋地区国家政府间的经济联合组织；LDC、LDCs (Least Developed Country)：最不发达国家集团，别名是未开发国家，指那些社会、经济发展水平以及联合国所颁布的人类发展指数最低的一系列国家。

② Faizel Ismail, “Reforming the World Trade Organization,” *World Economics*, Vol. 10, No.4, 2009, pp.109-146.

第三节　改革的方向与动力

尽管遇到很多挑战与困难，但多边贸易体制的基础并没有发生根本性动摇，在相当长的时间内还是国际经济活动的趋势和导向。数量众多的区域与集团性多边体制的出现就是有力证明。全球化进程虽然促进了世界整体经济水平的提升，但也在一定程度上加剧了国家间的贫富差距。金融危机中暴露出来的一个重要问题就是：对一些国家经济发展有效的做法可能是导致其他一些国家经济崩溃的毒药。作为全球性贸易协调机制的 WTO 也需要进行改革与调整。

一、WTO决策机制的改革：扩大权力主体，增强决策能力

WTO 的决策机制是其作为国际公共产品的核心权力价值所在，也是引起最多争议的地方。具体可以有三条改革路径。

第一，扩大权力分享范围，改变小圈子决策传统。

绿屋会议（Green Room Meetings），即由少数几个发达国家主导的非正式小规模磋商，从出现之初就遭到多数发展中国家成员反对，其本质是小圈子权力政治。WTO 的几个核心成员在小范围内就某些议题进行内部协商、形成初步共识，继而向贸易谈判委员会提交建议，从而最终在全体成员范围内达成“共识”。如果把 WTO 的决策机制比喻成嵌套的“同心圆”结构，绿屋会议就位于同心圆的最中心。

绿屋会议是 WTO 内部决策机制势力不平衡的直接表现，少数发达国家掌握了话题主导权，大多数发展中国家被排除在外。要促进 WTO 决策机制的权力平衡，就需要改变这种小圈子政治传统，提升 WTO 决策机制的公平性和公正性。近年来，“绿屋会议”一直试图通过增加成员人数与增加决策透明度这两个方式提高其决策的公正性与合法性，很多发展中国家已经参与其中。在“绿屋会议”的早期实践

中，其成员不超过10个，而且基本没有发展中国家；现在，绿屋会议成员数量已有很大扩展，成为一种可变组合（核心成员有20多个，依据议题不同还有10个左右非核心成员），基本达到了“关键多数”（critical mass）的民主决策水平。[①]

多哈回合僵局再次表明，对绿屋会议的改革力度不够，还有很多不足。首先，绿屋会议依旧是经过选择的部分成员集会，其参与的民主性与决议的正当性都受到质疑。绿屋会议的成员由 WTO 总干事邀请产生，不是通过特定机制或程序从全体成员中公开选举或选择产生，成员基础缺乏合法性与代表性。其次，绿屋会议没有透明的信息分享机制。在以往的绿屋会议中，参会人员等信息都对外保密，现在尽管做了一定改善，例如会公布参会名单及会议纪要，但决议程序等关键性还是没有完全公开。成员组成的合法性与信息分享的不透明是“绿屋会议”今后改革的方向和重点。

第二，建立具有决策能力的核心管理层。

多数国际组织都有核心决策机构，如执行委员会或执行董事会等，其主要职责是对关键问题做最终裁定与决策，例如联合国中的安理会、世界银行和国际货币基金组织的执行董事会等。但无论是 GATT 还是 WTO，都没有这样责权明确的高层管理机构。由美国、欧盟、日本和加拿大组成的“四国集团”（Quad）及后来的“利益攸关五方”（Five Interested Parties）[②]，在贸易实践中扮演了WTO的实际决策机构角色。后来，日本和中国先后加入这个核心层。但无论是“四方集团”还是“七国集团”，都是经济实力与政治博弈的结果，缺乏公共性。这些核心成员通常会从自身利益出发引导世界经济贸易走向，无法充分实现 WTO 作为公共产品的公利性和公益性。解决这个问题的一个思路是建立一个有代表性的核心成员决策机制。这个核心决策层需要在所有成员中有足够的代表性；决策过程有足够透明度；其核心成员在国际及

① 傅星国:《WTO非正式决策机制“绿屋会议”研究》,《世界贸易组织动态与研究》,2010年第2期，第30—36页。

② 美国、欧盟、巴西、印度和澳大利亚组成的内层成员核心。

区域贸易中要有足够的影响力。[①]

二、WTO组织机构的改革：增加机构性权力，扩展议题范围

机构化特征是一项多边机制走向成熟的重要标志。多哈回合以来，很多成员国对WTO组织机构的定位提出质疑并要求改革，要求改革的内容具体有WTO部长会议的地位、定期性和目标；成员国部长和政治领袖在WTO中发挥的作用；总干事和秘书处的权限和责任；秘书处运转的效率和资源的分配；秘书处预算的资金来源和管理；秘书处内部的透明度；秘书处与各成员方、其他国际组织相应机构的关系；总干事的地位和适当的选举程序；总理事会的地位和运作；管理层的结构改革，特别是源自地域的代表性；成员方、专家、议会和其他国际组织的参与权等。[②] 世贸组织成员国特别关注WTO对世界贸易政策的导向作用以及解决贸易纠纷等问题的实际能力。

建立GATT之初，各成员方担心赋予WTO总干事及秘书处太大权力会对本国贸易政策制定产生限制性影响，所以这两个职位一直被设定为辅助性的行政协调角色，不是政策制定及决策角色。但随着多边贸易体制在全球的成熟与发展，WTO必须增强自身的组织性权力，协调成员间复杂的贸易关系。即使没有明文约定，总干事和秘书处的职能在多边贸易实践中已经不断加强。在1988年乌拉圭回合中，秘书处被赋予定期审查各成员国贸易政策和规章制度的权力，即贸易政策评审机制（Trade Policy Review Mechanism，简称TPRM），这种机制虽然没有强制性惩罚措施作保障，但依旧对成员国制定国内贸易政策有很强的影响力。在互相依赖的国际格局中，各成员方都很重视WTO这样的国际权威机构做出的评价，贸易大国对于国际舆论尤为敏感。

---

① John H.Jackson, Sovereignty, *the WTO and Changing Fundamentals of International Law*, UK: Cambridge University Press, 2006, p.118.

② 具体见王中美:《多边体制的改进路径和未来——以WTO为例》,《世界经济研究》,2011年第11期，第15—19页。

金融危机爆发以来，各国经常通过将矛盾焦点转向他国而化解本国内部压力，贸易政策评审机制就成为重要的政策性工具。

秘书处被允许根据自己的意见出版贸易调研材料，事先无须经过成员国检查同意。从2003开始，WTO秘书处每年都发布《世界贸易报告》以及各类专项研究报告。这些报告对世界贸易与经济发展有很强的导向性。在处理与非政府组织（NGO）的敏感关系时，WTO的态度也更加开放。除了部长会议召开期间提供NGO服务中心和会议简要之外，总干事也会对NGO的参与要求做出一些临时的非正式安排。

WTO处理的提议超出了纯粹的国际贸易范围。由于WTO规则在一定程度上具有国际“硬法”性质，越来越多的利益群体希望借助WTO的多边性约束机制对国际社会施加影响。环境、劳工和人权方面的一些政府间国际组织、非政府组织、跨国公司和独立研究机构都通过各种方式，试图参与到WTO的议题讨论和决策过程中。WTO在处理更多议题及与更多利益群体互动中，需要更多的灵活和务实的机制和措施。

2008年金融危机过后，多哈回合数度陷入僵局，总干事和秘书处的作用比以往任何时候都显得更加重要。在各成员方利益对抗或意见不一的时候，WTO作为公利性的多边协调机制的中立地位显得格外重要。WTO未来的改革中，应进一步提高总干事和秘书处等组织机构的权力和职能，增加其在协调不同利益、制定谈判程序中的地位和作用，建立更多如贸易政策审查程序这样的强制性机制和措施，提高其技术援助、辅导培训以及调研导向的辅助性功能。

三、谈判方式的变革：更加灵活务实

WTO早期的谈判形式比较简单，主要在美国、欧洲、日本等贸易大国之间依据“互惠”原则进行。作为“免费搭车者”的大多数发展中国家没有积极参与其中。

WTO最为成功的谈判模式充分利用了“互惠”原则。在此原则下，国家间的谈判成本比较低，各国政府受到国内抵制的压力相对较小，仅仅需要扩大足够多的谈判国数量和足够的贸易自由化议程，就可以使单个国家能够获得充分的净利润。但是当自由化议程从关税前进至市场准入，直接的经济收益就不明显了，谈判的难度也随之变大。继而，贸易谈判从简单的边境政策转向复杂的贸易管理机制，互惠原则面临很大问题。一个范例就是服务行业标准的设立。就标准问题达成协议对国际合作十分重要，通过设定行业标准可以对全球服务网络进行有效控制。因此，国际标准成为具有高度价值的公共产品。拥有行业标准的国家可以具有控制某些领域的权力。在这种情况下，每个国家都想获得设定行业标准的权力，互惠原则难以使彼此继续获利。为了解决准入谈判中惠益不对称的问题，WTO 采用了一揽子谈判方式。

“一揽子协定”原则成为 WTO 多边贸易谈判的最大特点之一，曾在乌拉圭回合中取得了成功。然而，这并不意味着它是效率最高的原则。多哈回合表明，“一揽子协定”原则无法有效适应 WTO 成员内部复杂的意见分歧与利益分化，该原则使多哈回合谈判陷入僵局。“一揽子协定”把所有议题捆绑在一起，使多边贸易谈判成为“要么什么都有，要么什么都没有”的僵化两极选择，成员无法就某一议题或政策进行灵活处理，没有政策回旋空间。这种僵化的体制使很多 WTO 成员转向区域性集团组织进行小范围的利益协调。在此背景下，WTO 应该对多边贸易协定采取更宽容、更灵活的措施。在 WTO 的大框架下，允许成员间就某一议题达成某种协定或谅解，从而避免成员方因某一领域的小分歧导致整个谈判失败。

成员国目前关于 WTO 谈判的提案建议有两点：第一，成员国希望以更加灵活务实的方式在成员间开展非正式会谈，这从成员国对绿屋会议多联盟模式的采纳与在一定程度上对此模式的认可能够反映出来。第二，希望在谈判中更多考虑最不发达国家的利益诉求，特别要着重考虑经济和政治实力特别弱小的国家。还有成员提出了一些具体谈判方式的改革建议，例如诸边协议（pluri-lateral agreement）和“加权投票法”。[①]

小　结

从以上分析可以看出，尽管人们对 WTO 这个全球多边贸易协调机制的具体职能有很多不满，但对其作为全球性公共产品的功能性与公利性有高度认同。

富有成效的 WTO 多边机制仍旧在世界贸易中发挥重要作用，不可能被轻易抛弃。WTO 是“成员方驱动”（member-driven）机构。成员国在多边机制中获益越多，其参与多边机制并对其进行改革的动力就越大。更宽容、务实、更富弹性的多边体制在一定时期内是世界经济发展趋势。

在 WTO 建立20多年的历程中，最大的变化是发展中国家崛起和多边贸易与其他领域议题的交织。这些时代的新特征要求 WTO 在各个方面进行改革。WTO 的内部机构改革和调整将与其规则的演进和完善交错进行。

---

① John H. Jackson, “The WTO ‘Constitution’ and Proposed Reform: Seven ‘Mantras’ Revisited’”, *Journal of International Economic Law*, 2001, Vol. 4, No.1, pp. 67-78.

结　语

软权力在机制化和组织化的国际社会中变得益发重要。从奈正式提出软权力的概念伊始，众多的学者对软权力的理论和应用做了大量研究与实验。大多数学者的研究是从国家层面出发，对某一国家的制度、文化和由此产生的吸引力和影响力等做具体的案例分析和测量。任何权力都需要有一定的指向性，即权力只有与在与对象的互动关系中才能体现其效力和价值。藉此，在国际层面研究不同国家间的权力互动模式更有助于了解到权力在国家间运行的本质和规律，对国家软权力的研究也是如此。国际公共产品作为开放的多边国际合作体系是各种权力和权力关系高度汇集的地方：既有国家主权，又有国家主权让渡基础上形成的国际公权，既有主权与主权之间博弈，又有主权与国际公权之间的互动。国际公共产品体系内不同权力的运行方式有一个基本的共同之处：各种权力的互动及运行方式都是以非暴力形式进行的。此种非暴力形式的权力互动正是奈提出的软权力的基本特点。因此我们可以说，国际公共产品是从国际层面研究国家软权力的一个有利观测点。

在国际无政府状态中，权力和利益始终是国家追求的目标，国家参与提供国际公共产品也是出于同样的目的。参加国际公共产品的提供会使国家获得何种权力和利益呢？这就是本文的研究问题。本文首先从资源角度对权力的概念进行了界定，本文认为，权力就是通过既有资源占有目标资源的能力，软权力就是用既有的软资源通过达成共识的方式获取目标资源的能力，即软资源是软权力的基础和权力来源。通过对软资源基本属性的分析发现，软资源和公共产品之间存在天然的联系，公共产品就是一种社会软资源，而国际公共产品就是国际层面的具有高度权力价值的软资源。国家通过制造和主导国际公共产品就可以获得其软权力。通过对软权力进行的理论研究，对美国建立关税贸易总协定及中国加入世界贸易组织两个具体案例的分析，书中得出了四个结论。

第一，国际公共产品是国际层面的软资源，对体系内和体系外的国家都有明确的软资源价值。

国际公共产品是为了满足国际性集体私利在国际层面存在的，具有非竞争性和非排他性的，代表公共利益和公共意志的权力集合体，是各主权国家在自主自愿基础上形成的多边合作机制。产品性和公共性和其基本属性。

科技和贸易的发展使国家间联系日益紧密，国家利益的外溢和重叠是国际公共产品产生的现实基础。国际公共产品的产生是国际公共利益集体诉求的结果，满足公共需求的功效价值是国际公共产品的根本价值。同时，国际公共产品是国际无政府状态下主权国家自下而上自发形成的合作共识体，其作为合作成果本身具有高度的国际合法性，是国际层面稀缺的合法性价值来源。国际公共产品作为高度法律化和机制化的规则体系，其本身对成员国有公共的法律效力和道德约束力，因此具有高度的制度性权力价值。国际公共产品作为开放的非排他性公利体系，任何成员都可以加入。新成员的加入不但不会贬损国际公共产品本身的价值还会提高其规则体系的影响力和权威性从而使其作为国际软资源的价值得到提升，即国际公共产品本身具有独特的增值价值。功效性价值、合法性价值、制度性价值和增值价值都是国际公共产品作为国际层面软资源的具体价值体现。正因为国际公共产品是国际层面的软资源，具有获取更多资源的能力，因此国际公共产品具有潜在的软权力价值。国际公共产品不是先天存在的，是主权国家的合作成果，因此国家通过某种主观活动使自身和国际公共产品之间产生权力关联就会使此国际软资源发挥某种权力效力从而实现自己国家特定的目的。国家通过主动与国际公共产品发生权力互动可以占有或分享国际公共产品的公共权力从而在国际层面获取软权力。国家可以通过两个途径与国际公共产品之间发生权力互动，即“研发”新的国际公共产品和“参加”现有的国际公共产品提供。

第二，国家可以通过“研发”国际公共产品获得国际层面的软权力。

在国际无政府社会中，任何国家行为的目的都是为了实现本国利益的最大化。国家研发新的国际公共产品也是如此。虽然国际公共产品代表了一定程度的国际公利和公益，但个体国家提供国际公共产品的动机都不是对世界公利的考虑，而是个体私利和集体公利二者重合的结果，即个体私利的实现必须以集体公利的满足为条件，或者说集体公利本身就是个体私利的集合。在众多的个体私利需求中，对该需求最强烈的国家往往会主动研发能够满足自身需求的产品，有同样需求的国家会参与其中最终完成该产品的生产。美国作为世界唯一霸权国其全球化程度最高，国家利益的国际化外溢程度也最高，因此在国际层面的利益诉求也最强烈。美国高度国际化的利益诉求和其自身强大的实力使美国成为众多国际公共产品的主要研发者。在研发国际公共产品的过程中美国不仅获得了该国际公共产品直接需求满足的功能，而且通过对其规则体系的设计还获得了稳定有效的国际制度性权力，为本国利益的长久稳定实现设定了有利的国际秩序。美国建立关贸总协定就是美国在世界贸易领域通过研发国际公共产品获取国际软权力的典型案例。美国通过制定关贸总协定的规则体系获得了优先话语权，把一系列国内法律和规约变成了关贸总协定的国际法准则，使美国的国家利益观和价值观成为国际规范。对等互惠原则、主要供应商原则、例外条款、农业免责条款、反倾销法案和逐项讨论谈判模式等关贸总协定（世界贸易组织）的主要原则都源于美国国内法律和贸易实践。美国通过这些具体原则的制定不仅使关贸总协定成为有国际权威性和合法性的美国国家意志和利益的载体，而且通过关贸总协定作为国际公共产品本身的标准性、成长性和规范性价值的实现使美国主导的自由贸易体制和自由民主等价值观成为具有全球影响力的主导观念模式，同时美国也自然成为具有全球影响力的世界领袖。由此可见，美国通过研发国际公共产品获得了多种国际层面的软权力，最大限度地实现了本国利益的最优化。

第三，国家通过“参与”现有的国际公共产品提供也可以获得国际层面的软权力。

与霸权国不同，国际社会中相对弱势的国家不仅国际化需求程度较低，而且本国的国际影响力也很有限，无法独立或主导完成国际公共产品的研发。为了实现本国有限的国际层面的需求满足，国际社会中相对弱势的国家通常会采取“参加”已经产生的国际公共产品的供给的方式来实现本国利益。由于国际公共产品本身的开放性和非排他性，任何加入其中的国家都可以分享该国际公共产品的公利价值，而且后加入的国家由于该国际公共产品本身特有的增值价值特点往往能够获得国际公共产品更加成熟和稳定的软权力价值。中国加入世界贸易组织就是典型的通过“参与”途径获得国际层面软权力的案例。

中国作为西方主导的自由贸易体系外的国家，其经济模式和价值观念与关贸总协定有很大差异。但随着关贸总协定作为国际公共产品对成员国贸易促进作用的显著体现，中国迫切希望加入其中通过遵守该高效的公共规则体系实现本国经济和贸易的发展。为了获得世界贸易组织软资源的使用权，中国必须改革国内体制以符合世界贸易组织的准入要求。在改革国内体制的过程中中国实现了国家经济和贸易体制与国际主流标准的接轨，即实现了贸易方面的国际化进程。经过16年的国内改革和不懈的主观努力，中国终于在2001年成为世界贸易组织的正式成员。世贸组织正式成员身份的获得标志中国已经被国际自由贸易制度共同体所接受，完成了从体系外国家到体系内成员的身份转变。通过对公共规则体系的遵守中国获得了国际社会的信任和认可，成为证明该体系各种功能性和有效性的新样本和世界贸易组织国际软权力的分享者。中国参加世界贸易组织不仅使中国分享了国际公共产品的功效性、制度性等软权力价值，而且实现了世界贸易组织作为国际公共产品本身权力价值的增值，中国也由此获得了国际声誉。由此可见，参加既有的国际公共产品也是国家获得国际软权力的有效途径——即不仅制定国际规则能够获得软权力，遵守国际公共规则也同样也以获得软权力。

第四，国际公共产品的权力结构会随着时代发展及新成员的加入而发生变化。

国际公共产品产生的前提是公共需求，对公共性需求的满足是国际公共产品产生及存续的动力和基础。时代的变化对导致需求及需求满足方式的变化，新成员的加入也会改变既有国际公共产品的公共性及其利益诉求。从关贸总协定到世界贸易组织，从1995年世界贸易组织成立到现在，这个多边贸易体系的国际公共产品一直处在变化之中，尽管变革艰难而缓慢，但这个过程一直在进行，这是国际公共产品内在的功能性与成长性所决定的。

总之，国际公共产品作为国际层面的软资源，是主权国家获得软权力的重要价值来源，是权力在国家和国际层面进行转换的重要载体和媒介。国家通过国际公共产品的研发和参加供给都可以实现本国利益。作为世界最大的发展中国家及第二大经济体，中国已经深度参与到国际事务管理中，已经逐渐从国际公共产品的“后期加入者”转变为“研发者”。2001年成立的上海合作组织是首个以中国城市命名的政府间国际组织，也是中国倡导建立的第一个地区安全类国际公共产品。2015年6月成立的“亚洲基础设施投资银行”（简称亚投行）创始成员国达到57国，是首个中国倡导建立的金融类国际公共产品，成员包括了除美国和日本之外的世界主要经济体。2015年3月，中国倡导建设“丝绸之路经济带”和“21世纪海上丝绸之路”（简称一带一路），这个倡议意味着中国将主导创立更多领域和类别的国际公共产品。

在中国深度融入国际社会的过程中，“创立”及“参与”国际公共产品供给是中国与世界分享发展成果的两个重要途径。改善既有的国际公共产品体系，使其更加公正而有效率也是中国参与国际社会这里的重要内容。如何向世界及亚洲提供公平而富有效率的国际公共产品将是中国外交的重要工作内容之一。对国际公共产品的理论与实践展开深入研究将为制定恰当的中国外交政策提供理论指导与前瞻性思考。

参考文献

中文文献

（一）译著 / 专著 / 编著 /

[美] 奥尔森·曼瑟尔：《集体行动的逻辑》，陈郁等译，上海：上海人民出版社，1995年版。

[西] 埃斯特瓦多道尔等：《区域性公共产品——从理论到实践》，张建新等译，上海：上海人民出版社，2010年版。

[美] 巴尼特·迈克尔、[美] 芬尼莫尔：《为世界定规则——全球政治中的国际组织》，薄燕译，上海：上海人民出版社，2009年版。

[美] 布坎南·詹姆斯：《公共物品的需求与供给》，马珺译，上海：上海人民出版社，2009年版。

[加拿大] 黛布拉·斯蒂格主编：《世界贸易组织的制度再设计》，汤蓓译，上海：上海人民出版社，2010年版。

[美] 弗尔德瓦里·弗雷德 E.：《公共物品与私人社区——社会服务的市场供给》，郑秉文译，北京：经济管理出版社，2007年版。

[美] 赫希曼·艾伯特：《转变参与——私人利益与公共行为》，李增刚译，上海：上海人民出版社，2008年版。

[英] 霍克曼·伯纳德、迈克尔·考斯泰基：《世界贸易体制的政治经济学：从关贸总协定到世界贸易组织》，刘平等译，北京：法律出版社，2000年版。

[美]基欧汉·罗伯特:《局部全球化世界中的自由主义、权力与治理》，门洪华译，北京：北京大学出版社，2004年版。

[美]吉尔平·罗伯特:《全球政治经济学——解读国际经济秩序》，杨宇光、杨炯译，上海：上海人民出版社，2006年版。

[美]卡赞斯坦·彼得等编:《世界政治理论的探索与争鸣》，秦亚青等译，上海：上海人民出版社，2006年版。

[美]马丁、西蒙斯等编:《国际制度》，黄仁伟等译，上海：上海人民出版社，2006年版。

[新西兰]穆尔:《没有壁垒的世界：自由、发展、自由贸易和全球治理》，巫尤译，北京：商务印书馆，2007年版。

[美]奈·约瑟夫:《软力量：世界政坛成功之道》，吴晓辉、钱程译，北京：东方出版社，2005年版。

[美]奈·约瑟夫:《硬权力与软权力》，门洪华译，北京：北京大学出版社，2005年版。

[美]奈特·杰克:《制度与社会冲突》，周伟林译，上海：上海人民出版社，2009年版。

[德]施托尔、朔尔科普夫:《WTO——世界贸易制度和世界贸易法》，南京大学中德法学研究所译，北京：法律出版社，2004年版。

[美]温特·亚历山大:《国际政治的社会理论》，秦亚青译，上海：上海人民出版社，2000年版。

陈正良:《中国"软实力"发展战略研究》，北京：人民出版社，2008年版。

龚铁鹰:《软权力的系统分析》，天津：天津人民出版社，2008年版。

胡北平:《世界贸易组织规则体系的公平性分析》，北京：中国金融出版社，2008年版。

刘力:《WTO与发展中国家》，载中国世界贸易组织研究会主编:《2004—2005中国WTO报告》，北京：经济日报出版社，2005年版。

门洪华主编:《中国：软实力方略》，南京：浙江人民出版社，2007年版。

孟亮:《大国策——通向大国之路的软实力》，北京：人民日报出版社，2008年版。

秦亚青:《权力·制度·文化：国际关系理论与方法研究文集》，北京：北京大学出版社，2005年版。

秦亚青主编:《观念、制度与政策——欧盟软权力研究》，北京：世界知识出版社，2008年版。

秦亚青主编:《理性与国际合作：自由主义国际关系理论研究》，北京：世界知识出版社，2000年版。

上海社会科学院世界经济与政治研究院编:《国际体系与中国的软力量》，上海：时事出版社，2006年版。

唐晋主编:《大国策——软实力大战略》，北京：人民日报出版社，2008年版。

吴建民:《外交案例》，北京：中国人民大学出版社，2007年版。

吴建民:《再来一个十年》，北京：中国人民大学出版社，2011年版。

张建新主编:《国际公共产品与地区合作》，上海：上海人民出版社，2009年版。

赵刚、肖欢:《国家软实力：超越经济和军事的第三种力量》，北京：新世界出版社，2010年版。

郑彪:《中国软实力》，北京：中央编译出版社，2010年版。

郑启荣主编:《改革开放以来的中国外交（1978—2008）》，北京：世界知识出版社，2008年版。

朱立群等:《奥运会与北京国际化：规范社会化的视角》，北京：世界知识出版社，2010年版。

朱立群主编:《国际体系与中欧关系》，北京：世界知识出版社，2008年版。

邹贤启:《政府软资源竞争战略》，北京：中国财政经济出版社，2011年版。

（二）论文

段一:《公共产品的边界》,《当代财经》, 2003年第11期。

高尚涛:《权力与规范》, 外交学院2006届博士研究生学位论文。

郭树勇:《论国际政治社会化对国际社会发展的推动作用》,《国际观察》, 2006年第2期。

傅星国:《WTO非正式决策机制“绿屋会议”研究》,《世界贸易组织动态与研究》, 2010年第2期。

胡键:《中国国际角色的转换与国际社会的认知》,《现代国际关系》, 2006年第8期。

黄河、高辉:《美国与世界多边贸易体制——从结构性权力视角看美国的双重作用》,《现代国际关系》, 2007年第7期。

黄上国:《从美国的次贷危机看全球公共产品的有偏性》,《世界经济研究》, 2009年第12期。

季玲、陈士平:《国际政治的变迁与软权力理论》,《外交评论》, 2007年第6期。

江忆生:《简论国际机制对国家行为的影响》,《世界经济与政治》, 2002年第12期。

康晓光:《软力量建设与儒家文化复兴》,《天涯》, 2007年第1期。

李国学:《论国际贸易政策制定中的公共利益原则》,《财经问题研究》, 2006年第6期。

李双元、李娟:《从世贸组织争端解决机制谈国际法效力的强化》,《时代法学》, 2005年第6期。

李晓郛:《WTO争端解决效应评析及对中国的启示——以最不发达国家为视角》,《海关与经贸研究》, 2014年第3期。

李增刚:《全球公共产品：定义、分类及其供给》,《经济评论》, 2006年第1期。

李政军:《萨缪尔森公共物品的性质及其逻辑蕴涵》,《南京师大学报(社会科学版)》, 2009第5期。

刘昌明:《论全球化背景下发展中国家政治认同的新趋向》,《当代世界社会主义问题》，2005年第2期。

刘德斌：《“软权力说”的由来与发展》，《吉林大学社会科学学报》，2004年第4期。

刘庆、王利涛：《近年国内软力量理论研究综述》，《国际论坛》，2007年5月第3期。

刘银喜、任梅：《治理理论与公共产品的相关性探析》，《研究纵览》，2006年第9期。

刘志云：《国际法的“合法性”根源、功能以及制度的互动——一种来自国际机制理论视角的诠释》，《世界经济与政治》，2009年第9期。

罗鹏部：《全球公共产品供给研究——基于激励和融资机制的分析》，华东师范大学2008届研究生博士学位论文。

攀勇明：《区域性国际公共产品—解析区域合作的另一个理论视点》，《世界经济与政治》2008年第1期。

裴长洪、郑文：《中国入世10周年与全球多边贸易体制的变化》，《财贸经济》，2011年第11期。

钱东平：《加入世贸组织：国际经验及其启示》，《世界经济与政治论坛》，2002年第3期。

任俊生：《论准公共品的本质特征和范围变化》，《吉林大学社会科学学报》，2002年第5期。

沈四宝、顾业池：《世贸组织透明度原则与中国的法治进程》，《对外经济贸易大学学报》，2004年第1期。

舒建中：《关贸总协定的建立与美国对外政策》，《世界历史》，1999年第2期。

唐慧云：《国内学术界中国软实力研究现状述评》，《国际关系学院学报》，2008年第3期。

唐颖侠：《国际法与国内法的关系及国际条约在中国国内法中的适用》，《社会科学战线》，2003年第1期。

王秉乾：《论WTO透明度原则对我国法制建设的影响》，对外经贸大学2007届研究生博士学位论文。

王学东：《国家声誉在大国崛起中的作用》，《国际政治科学》，

2005年第1期。

王中美:《多边体制的改进路径和未来——以 WTO 为例》,《世界经济研究》, 2011年第11期。

吴建民:《文化是软实力核心文化外交要润物细无声》,《人民日报》, 2007年8月17日。

吴伟:《西方公共物品理论的最新研究进展》,《财贸经济》, 2004年第4期。

许航敏:《全球公共产品——演进的公共产品理论》,《地方财政研究》, 2007年第4期。

阎学通、徐进:《中美软实力比较》,《现代国际关系》, 2008年第1期。

余斌、张钟之:《试析公共产品的本质属性》,《高校理论战线》, 2007年第1期。

余锋:《专业性国际组织的政治化: 以 GATT/WTO 为例的分析》,《外交评论》, 2008年第1期。

俞新天:《软实力建设与中国对外战略》,《国际问题研究》, 2008年第2期。

曾国安、吴琼:《关于国际公共物品供应的几个问题》,《经济评论》, 2006年第1期。

张国元:《博弈与协调——WTO 体系下国际经济法律体系的重构》, 华东政法学院2004届研究生博士学位论文。

张龙:《世界贸易体制的历史反思——从关贸总协定到世界贸易组织》,《太平洋学报》, 2001年第4期。

张玉柯:《从 GATT 到 WTO——全球多边贸易体系的发展》,《河北大学学报(哲学社会科学版)》, 2002年第2期。

郑成思:《三个层面看问题——中国加入世贸组织与立法、司法及法学研究》,《国际贸易》, 2002年第5期。

郑永年、张驰:《国际政治中的软力量以及对中国软力量的观察》,《世界政治与经济》, 2007年第7期。

中央党校马克思主义研究所课题组:《我国加入世贸组织的利弊研

究》,《理论前沿》,2000年第1期。

朱明熙:《对西方主流学派的公共品的质疑》,《财政研究》,2005年第12期。

[德]希尔夫:《WTO的法律问题:权力,规则和原则——哪一个是WTO/GATT的法律导向?》,朱益宇译,《环球法律评论》2001年夏季号。

[美]布兰德利·沃麦克《"软权力"评析》,《吉林大学社会科学学报》,2006年9月。

英文文献

(一)专著/编著

Abraham Harold Maslow, *Motivation and Personality*, New York: HarperCollins Publishers, 1954.

Amrita Narlikar, *International Trade and Developing Countries: Bargaining Coalitions in the GATT & WTO*, New York: Routledge, 2003.

André Erik Andersen & Birgit Lindsnaes, eds., *Towards New Global Strategies-public goods and human rights*, Leiden: Martinus Nihgoff Publishers, 2007.

Andrew K. Hanami, ed., *Perspectives on Structural Realism*, New York: Palgrave Macmillan, 2003.

Andrew Moravcsik, *The Choice for Europe: Social Purpose and State Power from Messina to Maastricht*, Ithaca: Cornell University Press, 1998.

Annie Taylor & Thomas Caroline, eds., *Global Trade and Global Social Issues*, New York: Routledge, 2005.

Barrett Scott, *Why Cooperate: The Incentive to Supply Global Public Goods*, Oxford: Oxford University Press, 2007.

Becky Chiu & Mervyn K. Lewis, *Reforming China's State-owned Enterprises and Banks*, Northampton: Edward Elgar Publishing Inc., 2006.

Berenskoetter Felix & M. J. Williams, *Power in World Politics*, New

York: Routledge, 2007.

Carala McGiffert, ed., *Chinese Soft Power and Its Implications for the United States: Competition and Cooperation in the Developing World*, Washington D. C.: Center for Strategic and International Studies, 2009.

Carla Norrlof, *America's Global Advantage: US Hegemony and International Cooperation*, New York: Cambridge University Press, 2010.

Carlos A. Magariños et al., *China in the WTO: The Birth of a New Catching-up Strategy*, New York: Palgrave Macmillan, 2002.

Carolyn Rhodes, *Reciprocity, U.S. Trade Policy, and the GATT Regime*, Ithaca: Cornell University Press, 1993.

David A. Deese, *World Trade Politics: Power Principles and Leadership*, New York: Routledge, 2007.

Deborah Cass Z., *The Constitutionalization of the World Trade Organization*, New York: Oxford University Press, 2005.

Deborah Cass Z. et al., eds., *China and the World Trading System: Entering the New Millennium*, New York: Cambridge University Press, 2003.

Douglas A. Irwin, Petros C. Mavroidis, Alan O Sykes, *The Genesis of the GATT*, Cambridge: Cambridge University Press, 2008.

Ernest H. Preeg, *The American Challenge in World Trade*, Washington D.C.: The Center for Strategic and International Studies, 1989.

Ferroni Marco & Mody Ashoka, eds., *International Public Goods: Incentives, Measurement and Financing,* Norwell: Kluwer Academic Publishers, 2002.

Franck M. Thomas, *The Power of Legitimacy among Nations*, New York: Oxford University Press, 1990.

Gary Sampson, ed., *WTO and Global Governance: The Future Directions*, New York: United Nations University, 2009.

George Berman A. & Petros C. Mavroidis, eds., *WTO Law and Developing Countries*, New York: Cambridge University Press, 2007.

Gruber Lloyd, *Ruling the World: Power Politics and the Rise of Supranational Institutions,* Princeton: Princeton University Press, 2000.

Hui Feng, *Politics of China's Accession to the World Trade Organization: The Dragon Goes Global*, New York: Routledge, 2006.

James Buchanan M. & Robert D.Tollison, eds., *The Theory of Public Choice*, Ann Arbor: The University of Michigan Press, 2009.

James W. Davis, *Threats and Promises: the Pursuit of International Influence*, Baltimore: The Johns Hopkins University Press, 2000.

Jennifer Sterling, *Theories of International Cooperation and Primacy of Anarchy: Explaining U.S. International Policy-Making after Bretton Woods*, Albany: State University of New York Press, 2002.

John G. Ikenberry & Takashi Inoguchi, eds., *The Uses of Institutions: The U.S., Japan, and Governance in East Asia*, New York: Palgrave Macmillan, 2007.

John Gerard Ruggie, *Constructing the World Polity: Essays on International Institutionalization*, London: Routledge, 2008.

John Howard Jackson et al., *Legal Problems of International Economic Relations: Cases, Materials and Texts on the National and International Regulation of Transnational Economic Relations*, St. Paul: West publishing Co., 1995.

John Howard Jackson, *Sovereignty, the WTO and Changing Fundamentals of International Law*, Cambridge: Cambridge University Press, 2006.

John Howard Jackson, *The Jurisprudence of GATT and the WTO: Insights on Treaty Law and Economic Relations*, Cambridge: Cambridge University Press, 2000.

John Howard Jackson, *The World Trade Organization: Constitution and Jurisprudence*, London: Royal Institute of International Affairs, 1998.

John Howard Jackson, *The World Trading System: Law and Policy of Interntional Economic Relations*, Cambridge: the MIT Press, 1997.

Joseph Jr. S. Nye & Donahue D. John, eds., *Governance in a Globalizing World*, Washington, D.C.: Brookings Institution Press, 2000.

Joseph Jr. S. Nye, *The Paradox of American Power: Why the World's Only Superpower Can't Go It Alone*, New York: Oxford University Press, 2002.

Joseph Jr. S. Nye, *The Powers to Lead*, New York: Oxford University Press, 2003.

Joshua Kurlantzick, *Charm Offensive: How China's Soft Power Is Transforming the World*, New Haven: Yale University Press, 2007.

Kam C. Chan et al., *China's Capital Market: Challenges from WTO Membership*, Northampton: Edward Elgar Publishing Inc., 2007.

Katharina Holzinger, *Transnational Common Goods: Strategic Constellations, Collective Action Problems, and Multi-level Provision*, New York: Palgrave Macmillan, 2008.

Kaul Inge et al., eds., *Providing Global Public Goods: Managing Globalization*, Oxford: Oxford University Press, 2003.

Keith E. Maskus & Jeromeh Reichman, eds., *International Public Goods and Transfer of Technology: Under a Globalized Intellectual Property Regime*, Cambridge: Cambridge University Press, 2005.

Marco Ferroni & Ashoka Mody, eds., *International Public Goods: Incentives, Measurement and Financing*, Norwell: Kluwer Academic Publishers, 2002.

Marc Lanteigne, *China and International Institutions: Alternate Paths to Global Power,* New York: Rougledge, 2005.

Michael Barnett & Raymond Duval, eds., *Power in Global Governance*, New York: Cambridge University Press, 2005.

Michael Hunt, *The American Ascendancy: How the United States Gained and Wielded Global Dominance*, Chapel Hill: The University of North Carolina Press, 2007.

Michael Smith, *Europe's Foreign and Security Policy: The*

Institutionalization of Cooperation, Cambridge: Cambridge University Press, 2004.

Mingjiang Li, ed., *Soft Power: China's Emerging Strategy in International Politics*, Plymouth: Lexington Books, 2009.

Olga Memedovic et al., eds., *Public Goods for Economic Development*, Vienna: United Nations Industrial Development Organization, 2008.

Porter B. Roger et al., eds., *Efficiency, Equity, and Legitimacy: The Multilateral Trading System at the Millennium*, Washington, D.C.: Brookings Institution Press, 2001.

Qingjiang Kong, *China and the World Trade Organization, A Legal Perspective*, River Edge: World Scientific Publishing Co. Pte. Ltd., 2002.

Richard Cornes and Todd Sandler, *The Theory of Externalities, Public Goods, and Club Goods*, 2nd ed., Cambridge: Cambridge University Press, 1996.

Ronald Keith, ed., *China as a Rising World Power and its Response to Globalization*, New York: Routledge, 2005.

Robert Lawrence Kuhn, *How China's Leaders Think: The Inside Story of China's Reform and What This Means for the Future*, Singapore: John Wiley & Sons (Asia) Pte. Ltd., 2009.

Robert O. Keohane, *After Hegemony: Cooperation and Discord in the World Political Economy*, Princeton: Princeton University Press, 1984.

Robert O. Keohane & Joseph S. Nye, *Power and Interdependence: World Politics in Transition*: Boston: Little Brown, 1977.

Rosemary Foot et al, eds., *US Hegemony and International Organizations: the United States and Multilateral Institutions*, Oxford: Oxford University Press, 2003.

Russell Smyth et al., eds., *China's Business Reforms, Institutional Challenges in a Globalized Economy*, New York: Routledge, 2005.

Schefer Nadakavukaren Krista, *Social Regulations in the WTO: Trade Policy and International Legal Development*, Northampton: Edward Elgar

Publishing Inc., 2010.

Sharif Bhuiyan, *National Law in WTO Law: Effectiveness and Good Governance in World Trading System*, Cambridge: Cambridge University Press, 2007.

Soo Yeon Kim, *Power and the Governance of Global Trade: from GATT to the WTO*, Ithaca: Cornell University Press, 2010.

Stefano Guzzini & Anna Leander, eds., *Constructivism and International Relations: Alexander Wendt and his Critics*, New York: Routledge, 2006.

Stephen D. Krasner, ed., *International Regimes*, Ithaca and London: Cornell University Press, 1983.

Steve Smith, Ken Booth, and Marysia Zalewski, eds., *International Theory: Positivism and Beyond*, New York: Cambridge University Press, 1996.

Takeshi Matsuda, *Soft Power and Its Perils: U.S. Cultural Policy in Early Postwar Japan and Permanent Dependency*, Stanford: Stanford University Press, 2007.

Thomas Herberer & Gunter Schubert, eds., *Institutional Change and Legitimacy in Contemporary China: Institutional Change and Stability*, New York: Routledge, 2009.

Todd Sandler, *Global Collective Action*, New York: Cambridge University Press, 2004.

Wolfrum, Rüdiger and Volker Röben, eds., *Legitimacy in International Law*, New York: Springer, 2008.

Yongnian Zheng, *Globalization and State Transformation in China*, New York: Cambridge University Press, 2004.

[美]克拉托赫维尔、曼斯菲尔德主编:《国际组织与全球治理读本》,北京:北京大学出版社,2007年版。

[美]摩根索·汉斯:《国家间政治:寻求权力与和平的斗争》,北京:北京大学出版社,2004年版。

（二）论文

Aandrei P.Tsygankov, "If Not by Tanks, then by Banks? The Role of Soft Power in Putin's Foreign Policy," *Europe-Asia Studies*, Vol. 58, No. 7, 2006.

Alan K. Henrikson, "The Emanation of Power," *International Security*, Vol. 6, No. 1, 1981.

Alexander Wendt, "Driving with the Rearview Mirror: On the Rational Science of Institutional Design," *International Organization*, Vol. 55, No. 4, 2001.

Anthony T. Cobb, "An episodic model of power: toward an integration of theory and research," *The Academy of Management Review,* Vol.9, No. 3, 1984.

Anthony T. Cobb, "An Episodic Model of Power: toward an Integration of Theory and Research," *The Academy of Management Review*, Vol. 9, No. 3, 1984.

Bates Gill and Huang Yanzhong, "Sources and limits of Chinese 'soft power'," *Survival*, Vol. 48, No. 2, 2006.

Bruce M. Russett and John D. Sullivan, "Collective Goods and International Organization," *International Organization*, Vol. 25, No. 4, 1971.

Carl I. Hovland and Walter Weiss, "The Influence of Source Credibility on Communication Effectiveness," *The Public Opinion Quarterly*, Vol. 15, No. 4, 1951-1952.

Cecilia Albin, "Negotiating International Cooperation: Global Public Goods and Fairness," *Review of International Studies*, Vol. 29, No. 3, 2003.

Charles P. Kindleberger, "Dominance and Leadership in the International Economy: Exploitation, Public Goods, and Free Rides," *International Studies Quarterly*, Vol. 25, No. 2, Symposium in Honor of Hans J. Morgenthau, 1981.

Cho, Young Nam and Ho Jeong Jong, "China's Soft Power: Discussions, Resources, and Prospects," *Asian Survey*, Vol. XLVIII, No. 3, 2008.

Daniel Kennedy et al., ds., *The Political Economy of International Trade Law: Essays in Honor of Robert E. Hudec*, New York: Cambridge University Press, 2002.

David A. Baldwin, "Interdependence and Power: A Conceptual Analysis," *International Organization*, Vol. 34, No. 4, 1980.

David Willer & Michael J. Lovaglia & Barry Markovsky, "Power and Influence: A Theoretical Bridge," *Social Forces*, Vol. 76, No. 2, 1997.

Dore R. P., "The Prestige Factor in International Affairs," *International Affairs*, Vol. 51, No. 2, 1975.

Duncan Snidal, "Public Goods, Property Rights, and Political Organizations," *International Studies Quarterly*, Vol. 23, No. 4, 1979.

Erling Moxnes and Eline van der Heijden, "The Effect of Leadership in a Public Bad Experiment," *The Journal of Conflict Resolution*, Vol. 47, No. 6, 2003.

Faizel Ismail, "Reforming the World Trade Organization," *World Economics*, Vol. 10, No.4, 2009.

Hans J.Morgenthau, "The Pathology of American Power," *International Security*, Vol. 1, No. 3, 1977.

Herbert Feis, "The Geneva Proposals for an Internatial Trade Charter," *International* Organization, Vol.2. No.1, 1948.

Jack Hirshleifer, "From Weakest-link to Best-shot: The Voluntary Provision of Public Goods," *Public Choice*, No. 41, 1983.

James B. Steinberg, "Real Leaders Do Soft Power: Learning the Lessons of Iraq," *The Washington Quarterly*, spring 2008.

Jeffrey A. and Peter F. Cowhey, "Theories of Collective Goods Reexamined," *The Western Political Quarterly*, Vol. 30, No. 3, 1977.

John J. Mearsheimer, "The False Promise of International Institutions,"

International Security, Vol. 19, No. 3, 1994-1995.

Joseph S. Jr. Nye, "Limits of American power," *Political Science Quarterly*, Vol. 117, No.4, 2002/2003.

Joseph S. Jr. Nye, "Recovering American Leadership," *Survival*, Vol. 50, No. 1, 2008.

Joseph S. Jr. Nye, "Security and Smart Power," *American Behavioral Scientist*, Vol. 51, No. 9, 2008.

Joseph S. Jr. Nye, "Soft Power and American Foreign Policy," *Political Science Quarterly*, Vol. 119, No. 2, 2004.

Joseph S. Jr. Nye, "The American National Interest and Global Public Goods," *International Affairs*, Vol. 78, No. 2, 2002.

Joseph S. Jr. Nye, "The Changing Nature of World Power," *Political Science Quarterly*, Vol. 105, No. 2, 1990.

Joseph S. Jr. Nye, "The Decline of America's Soft Power," *Foreign Affairs*, Vol. 83 Issue 3, 2004.

Joseph S. Jr.Nye, "Soft Power," *Foreign Policy*, No. 80, 1990.

Kenneth N. Waltz, "The Emerging Structure of International Politics," *International Security*, Vol. 18, No. 2, 1993.

Kris James Mitchener & Marc Weidenmier, "Empire, Public Goods, and the Roosevelt Corollary," *The Journal of Economic History*, Vol. 65, No. 3, 2005.

Malcolm Moos and Koslin Bertram, "Prestige Suggestion and Political Leadership," *The Public Opinion Quarterly*, Vol. 16, No. 1, 1952.

Manning, R. and J. McMillan, "Public Intermediate Goods, Production Possibilities, and International Trade," *The Canadian Journal of Economics/ Revue Canadienne d'Economique*, Vol. 12, No. 2, 1979.

Mark A. Boyer, "Trading Public Goods in the Western Alliance System," *The Journal of Conflict Resolution*, Vol. 33, No. 4, 1989.

Maurizio Carbone, "Supporting or Resisting Global Public Goods? The Policy Dimension of a Contested Concept," *Global Governance*, Vol.

13, No.2, 2007.

Michael Barnett and Raymond Duvall, "Power in International Politics," *International Organization*, Vol. 59, No. 1, 2005.

Niall Ferguson, "Power," *Foreign Policy*, No. 134, Jan.-Feb., 2003.

Norman Uphoff, "Distinguishing Power, Authority & Legitimacy: Taking Max Weber at His Word by Using Resources-Exchange Analysis," *Polity*, Vol. 22, No. 2, 1989.

Paul A. Samuelson, "The Pure Theory of Public Expenditure," *Review of Economics and Statistics*, Vol. 36, No.4, 1954.

Peter Digeser, "The Fourth Face of Power," *The Journal of Politics*, Vol. 54, No. 4, 1992.

Peter G. Stillman, "The Concept of Legitimacy," *Polity*, Vol. 7, No. 1, 1974.

Robert Powell, "Absolute and Relative Gains in International Relations Theory," *American Political Science Review*, Vol. 85, No. 4, 1991.

Samuel P. Huntington, "Why International Primacy Matters," *International Security*, Vol. 17, No. 4, 1993.

Sheng Ding, "Soft Power and the Rise of China: An Assessment of China's Soft Power in Its Modernization Process." (Ph.D., Rutgers the State University of New Jersey-Newark, 2006).

Stephan Haggard, "The Institutional Foundations of Hegemony: Explaining the Reciprocal Trade Agreements Act of 1934," *International Organization*, Vol. 42, No.1, 1988.

Stephen N. Brown, David Price & Satish Raichur, "Public-Good Theory and Bargaining between Large and Small Countries," *International Studies Quarterly*, Vol. 20, No. 3, 1976.

Talcott Parsons, "On the Concept of Political Power," *Proceedings of the American Philosophical Society*, Vol. 107, No. 3, 1963.

Tania Domett, "Soft Power in Global Politics? Diplomatic Partners as Transversal Actors," *Australian Journal of Political Science*, Vol. 40, No. 2,

2005.

Terry M. Moe, "Power and Political Institutions," *Perspectives on Politics*, Vol. 3, No. 2, 2005.

Todd Sandler, "Intergenerational Public Goods: Transnational Considerations," *Scottish Journal of Political Economy*, Vol. 56, No. 3, July 2009.

Tony Addison and Mansoob S. Murshed, "Credibility and Reputation in Peacemaking," *Journal of Peace Research*, Vol. 39, No. 4, Special Issue on Civil War in Developing Countries, 2002.

附　录

金素恩关于关贸总协定（GATT）和世界贸易组织（WTO）对促进成员国贸易作用的主要量表：①

表1　GATT对双边贸易的效果 1950—1994年

	（1）[a]	（2）[b]	（3）[b]	（4）[b]
双方都是GATT成员 (Both GATT members)	0.254*	0.019	0.034	0.012
	（0.033）	（0.028）	（0.028）	（0.029）
单方是GATT成员 (One GATT member)	0.110*	–0.015	–0.011	0.007
	（0.030）	（0.024）	（0.024）	（0.024）
			0.167*	0.151*
双方均为民主国家 (Joint Democracy)			（0.018）	（0.018）
			–0.031	–0.040
联盟(Alliance)			（0.047）	（0.047）
			–0.019	–0.023
政权类型、联盟情况、国家间军事争端(MID)			（0.056）	（0.055）
既是GATT成员又是工业国家 (Both GATT and industrial dyad)				0.758*
				（0.068）
观测值(Observations)	267970	267970	267970	267970
判定系数(R-squared)	0.638	0.860	0.860	0.861

① Soo Yeon Kim, *Power and the Governance of Global Trade: from GATT to the WTO*, Ithaca: Cornell University Press, 2010, pp. 111-142.

注：*1%及以上为显著性差异。因变量：进口量。

a包含引力模型变量的普通最小二乘法及年份固定效应包含其中但未进行报告。

b 应用STATA9.0 areg进行的固定效应分析，观测值由固定对子及被吸收入截距的对应二元固定效应聚集而成；引力模型变量及年份效应包含在估计数值中，但没有报告。括号中是Newey-West标准误差。

（1）第一列数据是把年份因素（year-fixed effects）考虑在内得出的最小二乘法的分析数据结果（ordinary least squares analysis）。

（2）第二列数据是把国家间和年份因素（dyadic country-pair & year-fixed effects）要素都考虑在内得出的结果。从两列数据的结果比较而言，（1）a的数据表明GATT对提高其成员国的自由贸易额度有极大促进作用，但（2）b的结果却显示GATT成员国的自由贸易额度与非成员国之间没有明显差别，即GATT成员身份与贸易额的提升没有明显关系。

（3）第三列数据的结果是把政权类型、联盟情况、国家间军事争端（regime type, alliances, and militarized interstate disputes，简略为MIDs）三个政治因素加入其中测量得出的结果。结果显示，在此三个因素中，只有民主制政体的要素对双边贸易有较大影响。即，如果两个国家都是民主制国家，其贸易额比非民主政体国家增加了18%。联盟情况、国家间军事争端因素对两国间的贸易额度没有显著影响。

（4）第四列结果是把工业国家和非工业国家进行分类比较。如果一组中的两个国家都是工业国家，则数值为1；如果不是，则为零。结果显示，GATT成员身份只对工业国家集团[①]内部之间的贸易有显著促进作用，他们的贸易额比对比组高出113%。

表2 WTO与不同贸易集团的关系

因变量：双边贸易量 (Dependent variable: bilateral trade)	（1）	（2）	（3）	（4）
成员身份分类[②] (Membership classification)	WTO	Rose	TGR	Gowa and Kim
国内生产总值(GDP)	0.883**	0.873**	0.857**	0.856**
	（0.049）	（0.049）	（0.049）	（0.049）

① 关于工业国家的说明：金素恩（Soo Yeon Kim）分析中的工业国家包括：澳大利亚、奥地利、比利时、加拿大、丹麦、芬兰、法国、德国、希腊、冰岛、意大利、日本、卢森堡、荷兰、新西兰、挪威、葡萄牙、西班牙、瑞典、瑞士、英国、美国（共22国）。

② 第一种以国家官方加入GATT（WTO）的时间为依据，得出的结果是GATT有23个原始缔约国。第二种是罗斯（Rose）2004年提出的把正式成员国殖民地计算在内的方式，得出的结果是GATT有32个首批缔约方。第三种是汤姆斯（Tomz）、戈德斯坦（Goldstein）和里弗斯（Rivers）2007年提出的把GATT身份的实际享有者（包括已经申请并已暂时取得GATT身份的国家和殖民地）都计算在内的方式。第四种是格瓦（Gowa）和金（Kim）在2005年提出的把前三者综合在一起（正式成员、实际地位获得者、临时成员）并把非主权国家的经济实体也计算在内的计算方式。

续表

因变量：双边贸易量 (Dependent variable: bilateral trade)	（1）	（2）	（3）	（4）
人均国内生产总值 (GDP per capita)	0.260**	0.270**	0.293**	0.295**
	（0.048）	（0.048）	（0.048）	（0.048）
货币联盟 (Currency union)	0.571**	0.571**	0.577**	0.577**
	（0.118）	（0.117）	（0.116）	（0.116）
特惠贸易协定 (PTA)	0.197**	0.197**	0.199**	0.199**
	（0.028）	（0.028）	（0.027）	（0.027）
一般特惠制 (GSP)	0.028	0.027	0.026	0.026
	（0.031）	（0.031）	（0.031）	（0.031）
民主政体 (Democracy)	0.278**	0.273**	0.265**	0.261**
	（0.023）	（0.023）	（0.023）	（0.023）
联盟 (Alliance)	0.117*	0.116	0.116	0.115
	（0.060）	（0.060）	（0.060）	（0.060）
WYO 年长 (WTO Years)	-1.644**	-1.632**	-1.600**	-1.601**
	（0.133）	（0.133）	（0.133）	（0.133）
先前的殖民地 x WYO 年长 (Former colony x WTO Years)	-0.497**	-0.496**	-0.490**	-0.490**
	（0.074）	（0.073）	（0.071）	（0.071）
既有成员 x WYO 年长 (Standing members x WTO Years)	0.106**	0.097**	0.047	0.046
	（0.035）	（0.034）	（0.035）	（0.035）
先期加入者 x WYO 年长 (Early adopters x WTO Years)	0.005	0.082*	0.247**	0.286**
	（0.036）	（0.040）	（0.044）	（0.045）
后期加入者 x WYO 年长 (Later entrants x WTO Years)	0.220**	0.226**	0.234**	0.235**
	（0.049）	（0.049）	（0.049）	（0.049）
常量 (Constant)	-44.949**	-44.630**	-44.226**	-44.212**
	（1.723）	（1.724）	（1.721）	（1.719）
观测值 (Observations)	223610	223610	223610	223610
判定系数 (R-squared)	0.88	0.88	0.88	0.88

注：括号中的是稳健标准差，*表示5%及以上为显著差别；**表示1%及以上为显著差别。采用了Stata 9.2年份效应的areg做出的固定效应回归分析包含其中，但未被报告。

表2结果显示：在不同学者的分类中，GATT身份对“后来者”都有最显著的贸易促进作用。另外，同属一个货币区的两个国家的贸易额要比非同一货币区的国家高出57%；同属一个经济特惠区的两个国家的贸易额要比非同一经济特惠区的国家高出20%；都是民主政体的两个国家的贸易额要比非同属民主政体的国家高出26%—28%。

表3　不同组的百分比变化

身份分类 (Group/membership classification)	WTO	Rose	TGR	Gowa and Kim
既有成员 (Standing members)	11.18%**	10.19%**	4.81%	4.71%
先期加入者 (Early adopters)	.51%	8.55%*	28.02%	33.11%**
后期加入者 (Later entrants)	24.61%**	25.36%**	26.36%**	26.49%**

注：*表示5%及以上为显著差别，**表示1%及以上为显著差别。

表3表明，在程序和要求更加严格WTO框架下的“后来者”的贸易提高幅度（24.61%—26.3%）分别高于“既有成员”（4.71%—11.18%）和“先期加入者”（0.51%—33.11%），是WTO机制中最大的受益者。金素恩认为，“后来者”之所以在WTO框架下是最大的受益者，是因为WTO比GATT的准入要求更加严格。WTO不仅要求“边界线上的关税减让”，还要求“边境线后的变革”，即通过制定和修改本国法律达到与WTO的法律体系相一致。因此，经过国内改革的国家在加入WTO后，其贸易行为和理念与WTO法规则体系没有根本矛盾，贸易发展会更顺利。相比之下，在乌拉圭回合和1995年期间加入WTO的“先期加入者”，多是因为此期间提供了特殊优惠加入政策，国家本身并没有在制度和国内法律体层做好充分准备，国内某些立法甚至与WTO规定冲突。所以，即使他们享受到了一定优惠政策，但WTO对其贸易促进作用也很有限。

表4　贸易组成员内部的贸易百分比变化

组别/身份分类 (Group/membership classification)	WTO	Rose	TGR	Gowa and Kim
既有成员 (Standing members)	13.66%**	10.96%**	8%*	7.79%
先期加入者 (Early adopters)	–1.00%	11.18%	85.52%**	92.13%**
后期加入者 (Later entrants)	60.96%*	61.28%*	61.28%*	61.45%*
既有成员与先期加入者 (Standing members &Early adopters)	12.08%*	16.07%**	32.45%**	37.30%**
既有成员与后期加入者 (Standing members & later entrants)	35.12%**	34.45%**	32.31%**	31.78%**
先期加入者与后期加入者 (Early adopters & later entrants)	42.90%**	50.53%**	78.07%**	93.09%**

注：* 表示5%及以上为显著差别；** 表示1%及以上为显著差别。

从表4可以看出，“后来者”是 WTO 框架下进出口贸易增量最大的国家。无论是在“后来者”之间还是与“既定成员”或“先期加入者”之间的贸易增量，都比其加入 WTO 之前有大幅度提高（35.12%—93.09%）。“既定成员”之间及“既定成员”与“先期加入者”或“后来者”之间贸易额的增量也很显著（7.79%—37.30%）。只有测量“先期加入者”内部之间贸易增量的一种方式中出现了负增长（–1%），其他三种方式测量的结果都是正向增长（11.18%—92.13%）。“先期加入者”内部之间或其与“既定成员”或“后来者”之间的数值也呈显著正增长（11.18%—93.09%）。从上面数值可以看出，不同的测量方法会导致不同的测量结果（对“先期加入者”内部之间的贸易增量测量结果差异最大，–1% 到 92.13 之间）。但即使如此，四种测量方法对“后来者”内部之间的贸易增长数值却极为趋同，都达到了 60% 以上（分别是 60.96%，61.28%，61.28%，61.45%）。由此更有力地证明了获得 WTO 身份对“后来者”贸易提升的促进作用。

后　记

论文书稿完成之际，已是五个春秋有余。

回首在职攻读博士的这段岁月，百感交集。过去的时光里，有对未知世界的好奇、有百思不得其解的苦恼、有众里寻她千百度的艰辛、也有豁然开朗的喜悦。这是辛苦求索的五年，是夜难安寐的五年，是在磨砺中不断成长的五年。在这五年的岁月中，我收获了知识，收获了友情，找到了前进的动力和方向。我要真心感谢所有陪伴我一路走过来的人们。

首先，我要感谢我的恩师吴建民大使。他是我学业和人生道路上的领路人。他以其渊博的学识、深刻的见解在茫茫学海中为我指点迷津，以其孜孜不倦的治学精神及著述等身的学术成果激励我在漫漫治学路上坚定求索，以其“苟利国家生死已，岂因祸福避趋之”的胸襟和气度教会我做一个对国家和民族有担当的人。老师对待教学极为认真，无论社会活动多么繁忙，每月必抽出一个下午到外交学院亲自授课。有问必答，诲人不倦，五年来从未间断。老师对待学问求真务实，但凡出言，必是独立思考之灼见，从不媚俗或哗众。老师对待学问强调学以致用，要求研究一定要能够解决实际问题，反对空洞的理论和概念。老师为国为民的赤诚之心、胸怀天下的报国之志所给我的教益更是远远超越了博士论文写作和治学本身，他是我一生为人做事的楷模和指针。

感谢外交学院的秦亚青教授、朱立群教授、郑启荣教授、苏浩教授、北京外国语大学的李永辉教授和社会科学研究院的李东燕教授。他们对博士论文开题报告的认真审阅和中肯的批评意见对我进一步厘清论文思路有很大帮助。郑启荣教授、苏浩教授和李永辉教授更是在百忙之中仔细阅读了论文初稿，就论据选择、人名翻译等许多细节提出了宝贵的修改意见，使论文更加严谨规范。特别感谢清华大学的赵可金副教授，赵老师在繁忙的工作之余仔细阅读了全文初稿并提出了详细修改意见，对论文整体完善有很大帮助。

感谢外交学院的孙吉胜教授。她既是我工作中的领导也是我在学业上的楷模。在艰苦的论文写作过程中她给予我很多关怀和鼓励。论文初稿完成后她逐字阅读了全文提出了很多中肯的修改意见，使全文的论证更加严谨扎实。

感谢董青岭博士和韩志立博士，他们耐心地通读了全文，实事求是地提出了很多宝贵的修改意见，让我的论文更加禁得起推敲。

特别感谢秦亚青教授，是秦老师为我联系了美国的康奈尔大学，使我有机会在世界闻名的高等学府潜心学习。感谢王燕老师，是王老师富有经验的指导使我成功申请了富布赖特博士奖学金而赴美学习。

感谢美国康奈尔大学的陈兼教授和彼得•卡赞斯坦教授。陈兼教授对初到美国的我给予的无私帮助，卡赞斯坦教授对我在康奈尔留学期间无微不至的关照和学术指导使我终生难忘。

感谢世界知识出版社的袁路明编审为本书出版所做的细致审稿和修订工作。

最后，我要感谢我的家人。是他们的爱给予了我进行学术探索的动力和勇气。每当我焦虑烦躁的时候，妈妈的电话总会不约而至，有如心灵感应。每当我为没有足够的写作时间而恼火的时候，爱人总是默默地帮我把家务做好，替我把孩子哄睡。每当我由于累日的埋首案头觉得生活暗淡无光的时候，我的小天使总能给我带来最纯洁最温馨的快乐。儿子和我的论文在一起成长，论文完成时他刚好五岁。

再次衷心感谢所有陪伴我走过最初的荆棘之路的人们。谢谢你们的陪伴、鼓励、帮助和付出！

学路漫漫，我将继续求索。

初稿于2013年

定稿于2018年

图书在版编目（CIP）数据

国际公共产品的软权力研究：以美国、中国参与世界贸易组织为例 / 吴晓萍著. —北京：世界知识出版社，2017.7
ISBN 978-7-5012-5522-1

Ⅰ.①国… Ⅱ.①吴… Ⅲ.①世界贸易组织—研究
Ⅳ.①F743.1

中国版本图书馆CIP数据核字（2017）第158236号

责任编辑 袁路明
责任出版 赵 玥
责任校对 陈可望
封面设计 田 林

书　　名 国际公共产品的软权力研究——以美国、中国参与世界贸易组织为例
Guoji Gonggongchanpin de Ruanquanli Yanjiu — Yi Meiguo Zhongguo Canyu Shijie Maoyizuzhi Weili

作　　者 吴晓萍

出版发行 世界知识出版社
地址邮编 北京市东城区干面胡同51号（100010）
网　　址 www.ishizhi.cn
电　　话 010-65265923（发行） 010-85119023（邮购）
经　　销 新华书店
印　　刷 北京虎彩文化传播有限公司
开本印张 787×1092毫米 1/16 13印张
字　　数 210千字
版次印次 2018年9月第一版 2018年9月第一次印刷
标准书号 ISBN 978-7-5012-5522-1
定　　价 36.00元

理论专著／教材

台湾地区政治研究

冲突法的理念嬗变与立法创新

政党学概论

国家侵权行为的管辖豁免问题研究

美欧应对中国崛起：理论、战略与互动

法国欧洲一体化政策研究

数字信息资源检索——国际关系及相关专业检索指南

国际公共产品的软权力研究——以美国、中国参与世界贸易组织为例